이까짓 중국어

입문
STEP 1

파고다교육그룹 언어교육연구소 | 장위안 저

PAGODA Books

이 까 잣 중국어 입문 STEP 1

초판 1쇄 발행 2015년 10월 2일
초판 8쇄 발행 2020년 10월 20일

지 은 이 │ 파고다교육그룹 언어교육연구소, 장위안
펴 낸 이 │ 고루다
펴 낸 곳 │ Wit & Wisdom 도서출판 위트앤위즈덤
임프린트 │ **PAGODA Books**
출판등록 │ 2005년 5월 27일 제 300-2005-90호
주　　소 │ 06614 서울특별시 서초구 강남대로 419, 19층(서초동, 파고다타워)
전　　화 │ (02) 6940-4070
팩　　스 │ (02) 536-0660
홈페이지 │ www.pagodabook.com

저작권자 │ ⓒ 2015 파고다아카데미

ISBN 978-89-6281-692-1(14720)

도서출판 위트앤위즈덤　www.pagodabook.com
파고다 어학원　　　　　www.pagoda21.com
파고다 인강　　　　　　www.pagodastar.com
테스트 클리닉　　　　　www.testclinic.com

PAGODA Books는 도서출판 Wit & Wisdom의 성인 어학 전문 임프린트입니다.
낙장 및 파본은 구매처에서 교환해 드립니다.

이까짓 중국어는…

철저한 말하기 중심의 교재!
어떤 교재에서도 볼 수 없었던 획기적인 구성!
일상 생활에서 바로 쓸 수 있는 생생한 회화 표현!

시시각각 빠르게 변화하는 세계 속에서 중국은 이제 더 이상 지리적으로만 가까운 나라가 아닌 정치, 경제, 사회, 문화 등 모든 분야에서 우리와는 더욱 긴밀한 관계의 나라가 되었습니다. 중국을 보다 정확히 이해하기 위해서는 그들과의 커뮤니케이션이 가장 중요하기 때문에 최근 중국어를 배우고자 하는 사람들이 점점 많아지고 있습니다. 하지만 막상 중국어를 배우려고 하면 한자, 성조 등 여러 가지 부담 요소가 있기 때문에 선뜻 중국어 공부를 시작하기 꺼려하는 분들도 많을 것입니다. 이까짓 중국어 시리즈는 다년간 중국어 교육에 종사해온 전문가들이 학습자들의 이런 부담은 최소화 하고 흥미와 저미는 더욱 높여 누구라도 쉽고 재미있게 중국어를 배울 수 있게 만든 철저한 말하기 중심의 교재입니다. 이까짓 중국어 시리즈는 교과서적인 딱딱한 표현에서 벗어나 매 과마다 재미있는 상황극을 통해 실제 상황에서 바로 사용할 수 있는 자연스러운 회화 표현들을 배울 수 있게 구성하였습니다. 또한 어려운 문법용어를 최대한 배제하여 누구라도 쉽게 이해할 수 있도록 하였고, 쓰기 보다는 말하기 위주의 연습을 통해 단 시간 안에 귀가 뻥 뚫리고 입이 탁 트일 수 있게 만들었습니다.

음식도 한꺼번에 너무 많이 먹으면 체하는 것처럼 중국어 공부도 처음에 너무 욕심을 내면 일정 수준에 오르기 전에 지칠 수 있습니다. 그러나 이까짓 중국어쯤이야! 하는 가벼운 마음으로 부담 없이 공부하면 어느새 중국어의 매력에 빠져들 것이고, 어느 순간 자신도 모르게 중국인과 농담을 주고 받으며 웃고 있는 모습을 발견할 수 있게 될 것입니다. 또한 파고다 스타에서 제공하는 동영상 강좌를 함께 보면서 학습한다건 중극어 학습의 흥미와 효과는 배가 될 것입니다.

자, 이제 여러분도 이까짓 중국어와 함께 생동감 넘치고 통통 튀는 중국어 세계에 푹 빠져보세요!

마지막으로 이 책이 출판되기까지 물심양면으로 도와주신 모든 분들께 감사의 말씀을 전하며, 특히 항상 애정과 관심으로 지원해 주시는 파고다교육그룹 박경실 회장님께 고개 숙여 감사드립니다.

2015.07
파고다교육그룹 언어교육연구소 저자진 일동

◉ 포인트 알아보기

핵심 포인트로 워밍업!

본격적인 회화 학습에 앞서 각 과에서 꼭 알아야
하는 핵심 포인트가 무엇인지 파악할 수 있어요.

◉ 스토리 미리보기

드라마 같은 재미있는 상황극

일상 생활에서 일어날 수 있는 다양한 소재로 구
성한 재미있고 생동감 넘치는 상황극을 만날 수
있어요. 병음과 우리말을 보면서 잘 들어 보세요.

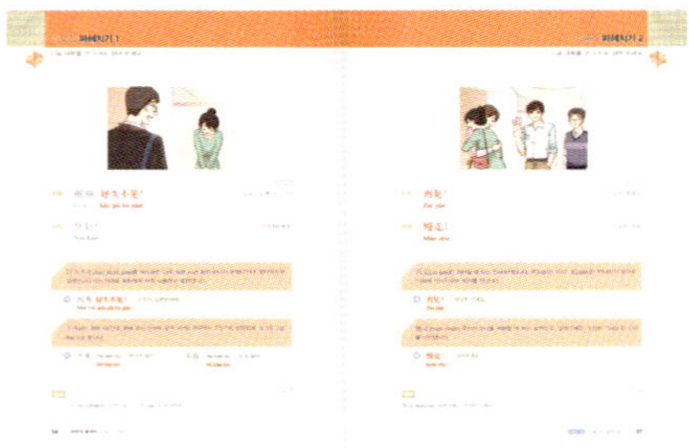

◉ 스토리 파헤치기 1, 2

회화와 문법을 동시에!

회화 내용을 부담 없이 연습할 수 있도록 단락을
나누어 구성했어요. 먼저 오늘의 새로운 단어를 듣
고 따라 읽은 후, 본문을 큰 소리로 읽어 보세요.
본문을 학습하면서 그날 학습할 문법 내용을 바로
바로 알 수 있도록 쉬운 예문과 함께 정리했어요.
'회화와 문법' 두 마리 토끼를 동시에 잡아 보세요.

◉ 문장 나눠보기

혼동하기 쉬운 발음 한 번 더 다지기!

중국어에서 헷갈리기 쉬운 발음을 한 번 더 학습하면서 중국어
발음을 완벽하게 마스터할 수 있어요. 병음에 주의해서 큰 소리로
따라 읽어 보세요.

확장을 통한 읽기 연습으로 더욱 유창한 중국어를!

활용 문장을 학습하기 전에 중국어 문장을 자세하게 끊어서 연습
할 수 있는 코너예요. 짧은 단어부터 완전한 문장이 되기까지의
흐름을 보여줌으로써 중국어 문장 구조를 쉽게 파악할 수 있도록
구성했어요.

문장 활용하기

활용 문장을 통해 표현을 좀 더 풍성하게!

그날의 학습 포인트가 포함된 좀 더 다양한 내용의 중국어를 학습할 수 있어요. 이미 문장 나눠보기에서 연습한 문장들이니 유창하게 읽으면서 다양한 표현들을 내 것으로 만들어 보세요.

내 것으로 만들기

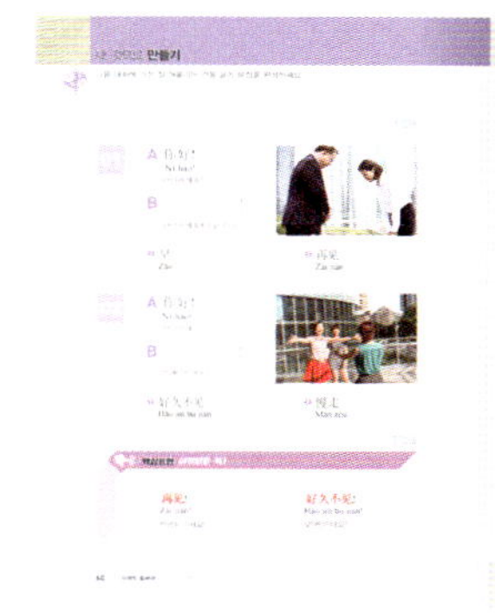

다시 한 번 점검하고! 실력도 쑥쑥!

그날 학습한 내용을 연습문제를 통해 복습하며, 자신의 실력을 다시 한 번 점검할 수 있어요.

핵심표현 이것만은 꼭!

이것만은 알고 넘어가자!
각 과에서 꼭 알아야 할 표현들을 다시 한 번 정리했어요.
여기에 나온 표현들은 꼭 알고 다음 과로 넘어갈 수 있도록 해요.

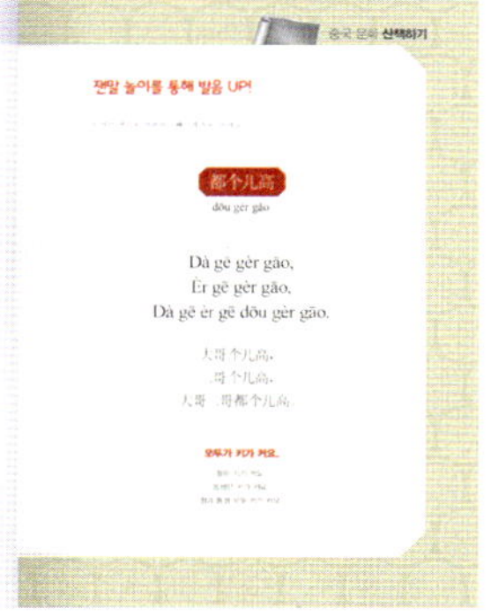

중국 문화 산책하기

중국어의 재미와 흥미를 두 배로!

중국어 뿐만 아니라 중국 문화까지 섭렵한다면 중국인과의 대화가 더욱 재미있어지겠죠? 우리와는 다른 재미있는 중국 문화와 함께, 퍼즐, 노래 등 중국어 학습의 재미있는 요소들을 담았어요. 중국어의 재미와 흥미를 느끼면서 실력도 한 층 더 업그레이드 시켜 보세요.

이 책의 CD 구성

 교재 MP3　　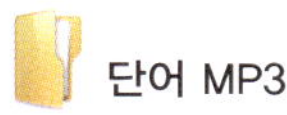 단어 MP3　　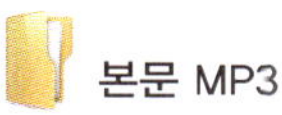 본문 MP3　　 문법설명 MP3

金民秀 Jīn Mínxiù
김민수

사회생활을 막 시작한
20대 한국인 청년
리리를 좋아함

金民熙 Jīn Mínxī
김민희

민수의 여동생

丽丽 Lìli
리리

한국에 어학연수를 온
중국인 여학생

金美英 Jīn Měiyīng
김미영

민수가 다니는 회사의
신입 여직원

金英哲 Jīn Yīngzhé
김영철

민수의 아버지

朴代理 Piáo dàilǐ
박대리

민수의 상사
김미영을 좋아함

吴美子 Wú měizǐ
오미자

민수의 어머니

Chapter 1

01

중국어는 음악처럼!

중국어와 표준어

중국 인구의 94%의 비중을 차지하고 있는 한족!
그들이 사용하는 언어 '汉语(한어)'
그리고 그들이 사용하는 표준어 '普通话(보통화)'

중국의 국토는 무려 한반도의 44배라고 해요. 한족 외에
소수민족도 55개나 되서 서로 무슨 말을 하는지 못 알아
듣는다고 하죠. 그래서 표준어를 만들었다고 해요.

중국어의 구조

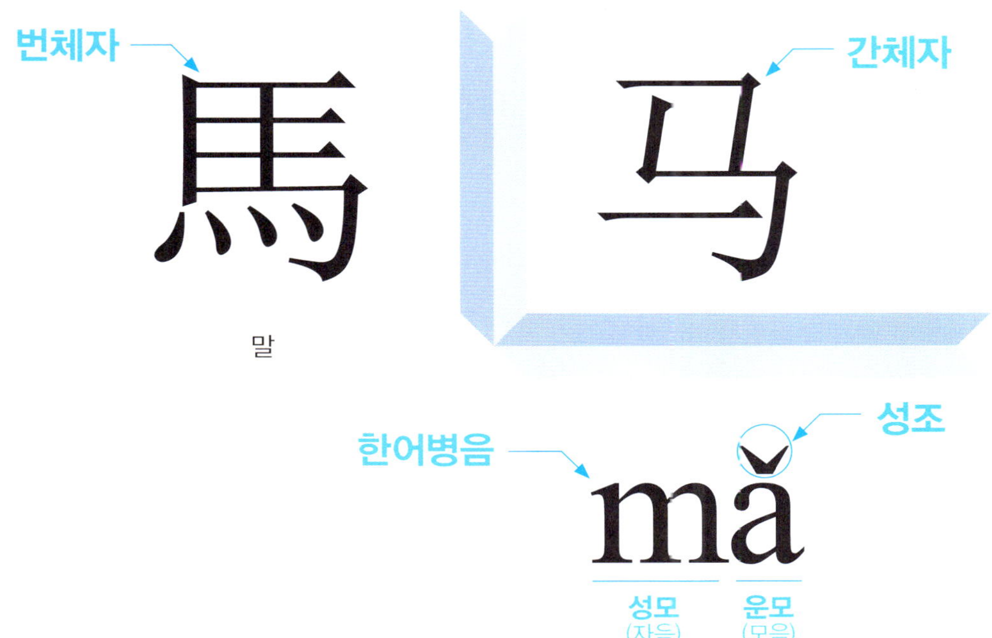

중국 한자는 우리가 쓰는 한자랑 다르다?

한자에 대한 부담 NO!
우리가 쓰고 있는 한자는 번체자라고 하는데 중국에서는 번체자를 간단하게 만든 간체자를 씁니다.

번체자　　　　간체자

한자를 몰라도 중국어를 읽을 수 있다?

알파벳을 사용한 발음기호
'한어병음'만 알고 있으면 중국어를 읽는데 전혀 문제가 없습니다.

Nǐ hǎo

한어병음

식당에서 소금을 달랬더니 담배를 준다?

중국어에서 가장 중요한 성조!
성조는 중국어의 음절이 갖고 있는 소리의 높낮이를 말합니다. 중국어에서는 발음이 같아도 성조가 달라지면 뜻이 완전히 변하게 됩니다.

중국어의 성조

제 1성 (——)　　제 2성 (/)

제 3성 (V)　　제 4성 (\ )

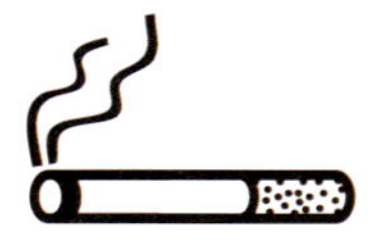

yān 烟 (담배)　　　yán 盐 (소금)
[이옌]　　　　　　　[이옌]

● 녹음을 듣고 큰 소리로 발음해 보세요.

a
[아]

입을 크게 벌리고 우리말의 '아~'의 느낌으로 발음해 보세요. 우리말의 '아~' 보다 크게 발음하는 것이 좋습니다.

o
[오-어]

입을 동그랗게 모아서 '오~'로 시작하여 '어~'로 끝나는 느낌으로 발음하세요.

e
[으-어]

입을 반쯤 벌리고 '으~'로 발음하다가 부드럽게 '어~'로 끝나는 느낌으로 발음하세요. 영어 발음과 혼동하여 '에'로 발음하지 않습니다.

i
[이]

입을 옆으로 길게 벌리고 '이~'의 느낌으로 발음하세요.

u
[우]

입을 동그랗게 모아서 앞으로 살짝 내밀면서 '우~'의 느낌으로 발음하세요.

ü
[위]

입술을 둥글게 도아 '위~'의 느낌으로 발음하되, 입 모양을 끝까지 움직이지 않고 발음합니다.

제 1성

ā

1성은 '솔'에 해당하는 음높이로 약간 높고 평평하게 발음합니다.

● 녹음을 듣고 큰 소리로 발음해 보세요.

ā   ō   ē   ī   ū   ǖ

mā   pā   tā

제 2성

á

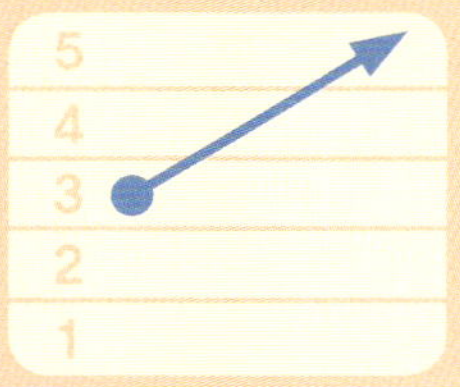

'미' 음에서 '솔' 음으로 쭉 끌어올리는 느낌으로 발음합니다.

● 녹음을 듣고 큰 소리로 발음해 보세요.

á   ó   é   í   ú   ǘ

má   pá   tá

제 3성

ǎ

목소리의 가장 낮은 점까지 내렸다가 살짝 올리는 느낌으로 발음합니다.

● 녹음을 듣고 큰 소리로 발음해 보세요.

ǎ　ǒ　ě　ǐ　ǔ　ǚ

mǎ　　　pǎ　　　tǎ

제 4성

à

높은 곳에서 낮은 곳으로 뚝 떨어지는 느낌으로 강하고 짧게 발음합니다

● 녹음을 듣고 큰 소리로 발음해 보세요.

à　ò　è　ì　ù　ǜ

mà　　　pà　　　tà

경성

a

중국어에서 일부 음절은 원래의 성조를 잃고 가볍게 발음되는 경우가 있는데 이를 경성이라고 합니다. 경성은 별도로 표기하지 않습니다.

● 녹음을 듣고 큰 소리로 발음해 보세요.

ma   mā ma   ne   nǐ ne

성조 표기하는 방법

1. 성조는 단운모(모음) 위에 표기한다.

mā   tè   kū

2. 운모가 두 개 이상일 경우 입을 벌리는 정도가 큰 운모(단운모) 순으로 성조를 표기한다.

a > e o > i u ü

3. 운모 'i'에 성조를 표기할 경우 'i' 위의 점은 생략한다.

nǐ   bì   pī

4. 운모 'i'와 'u'가 나란히 있을 경우, 뒤에 오는 운모에 성조를 표기한다.

jiǔ   duì   shuǐ

01 녹음을 듣고 맞는 발음에 체크하세요.

❶ ā ❷ á

❸ ǎ ❹ à

02 녹음을 듣고 맞는 발음에 체크하세요.

❶ e ❷ i

❸ ü ❹ u

03 녹음을 듣고 빈칸의 알맞은 운모를 찾아 체크하세요.

p

❶ ü ❷ ù

❸ è ❹ à

02

중국어도 혀를 굴려야 한다?

P02-01

중국어의 성모(자음)

P02-02

***성모 뒤에 'o, e' 등의 운모를 붙여 읽는 이유**
우리말의 'ㄱ', 'ㄴ' 뒤에 'ㅏ'를 붙여 '가', '나'로 읽듯이 중국어에서도 성모를 발음할 때 운모를 붙여 읽습니다.

b(o)* [뽀-어]	p(o) [포-어]	m(o) [모-어]	f(o) [포-어]
d(e) [뜨-어]	t(e) [트-어]	n(e) [느-어]	l(e) [르-어]
g(e) [끄-어]	k(e) [크-어]	h(e) [흐-어]	
j(i) [지]	q(i) [치]	x(i) [시]	
zh(i) [즈]	ch(i) [츠]	sh(i) [스]	r(i) [르]
z(i) [쯔]	c(i) [츠]	s(i) [쓰]	

성모

● 녹음을 듣고 큰 소리로 발음해 보세요.

b(o)
[뽀-어]

우리말의 'ㅂ' 또는 'ㅃ' 소리가 나는 발음입니다. 입술을 붙였다 떼면서 발음합니다.

bā 八 (8, 여덟)　　**bà ba** 爸爸 (아빠)

---

p(o)
[포-어]

우리말의 'ㅍ' 소리가 나는 발음입니다. b와 같이 입술을 붙였다 떼면서 발음합니다.

pá 爬 (기다)　　**pó po** 婆婆 (시어머니)

---

m(o)
[모-어]

우리말의 'ㅁ' 소리가 나는 발음입니다. 살짝 콧소리를 내면서 발음합니다.

mǎ 马 (말)　　**mā ma** 妈妈 (엄마)

---

f(o)
[포-어]

영어의 'f'와 비슷한 발음입니다. 윗니가 아랫입술에 살짝 닿는 느낌으로 발음합니다.

fā 发 (보내다)　　**fù mǔ** 父母 (부모)

d(e)
[뜨-어]

우리말의 'ㄸ', 'ㄷ' 소리가 나는 발음입니다. 혀끝을 윗니의 뒷부분에 붙였다 떼면서 발음합니다.

dà 大 (크다)   **dì di** 弟弟 (남동생)

t(e)
[트-어]

우리말의 'ㅌ' 소리가 나는 발음입니다. 혀끝을 윗니 안쪽 잇몸에 붙였다 떼면서 발음합니다.

tā 他 (그, 3인칭 단수)   **tǔ dì** 土地 (토지)

n(e)
[느-어]

우리말의 'ㄴ' 소리가 나는 발음입니다. 't'와 마찬가지로 혀끝을 윗니 안쪽 잇몸에 붙였다 떼면서 발음합니다.

nǐ 你 (너, 2인칭 단수)   **ná** 拿 (들다)

l(e)
[르-어]

우리말의 'ㄹ' 소리가 나는 발음입니다. 혀끝을 입천장에 댔다 튕기면서 강하게 발음합니다.

là 辣 (맵다)   **lái** 来 (오다)

● 문장으로 읽어 보세요.

Bà ba lái.	爸爸来。	아빠가 옵니다.
Mā ma lái.	妈妈来。	엄마가 옵니다.
Dì di lái.	弟弟来。	남동생이 옵니다.
Tā lái.	他来。	그가 옵니다.

*중국어는 단어와 어순이 매우 중요한 문법적인 기능을 하기 때문에 우리말의 '이/가'와 같은 주격조사가 없어도 문장을 만들 수 있습니다.

성모

g(e)
[끄-어]

우리말의 'ㄱ', 'ㄲ' 소리가 나는 발음입니다. 트림할 때 '꺼~억' 하듯 목 깊은 곳에서부터 소리를 냅니다.

gāo 高 (높다)　　**gē ge** 哥哥 (형, 오빠)

k(e)
[크-어]

우리말의 'ㅋ' 소리가 나는 발음입니다. 'g'와 같이 목 안쪽 깊은 곳에서부터 소리를 냅니다.

kū 哭 (울다)　　**kě lè** 可乐 (콜라)

h(e)
[흐-어]

우리말의 'ㅎ'과 비슷한 발음입니다만, 혀 뿌리에서 내는 느낌으로 가래 끓는 듯한 탁한 소리를 냅니다.

hē 喝 (마시다)　　**hǎo** 好 (좋다)

● 문장으로 읽어 보세요.

Gē ge lái.	哥哥来。	오빠가 옵니다.
Dì di kū.	弟弟哭。	남동생이 웁니다.
Mā ma hē.	妈妈喝。	엄마가 마십니다.

j(i) [지]

우리말의 'ㅈ' 소리가 나는 발음입니다. 혀를 입천장에 붙였다 떼면서 발음하세요.

jī 鸡 (닭)　　jiě jie 姐姐 (누나, 언니)

q(i) [치]

우리말의 '김치' 할 때 '치'처럼 발음하세요.

qī 七 (7, 일곱)　　qù 去 (가다-)

x(i) [시]

우리말의 'ㅅ' 소리가 나는 발음입니다. 혀를 입천장에 붙였다 떼면서 약간 강하게 발음하세요.

xǐ 洗 (씻다)　　xiè xie 谢谢 (고맙습니다)

● 문장으로 읽어 보세요.

Jiě jie lái.	姐姐来。	누나가 옵니다.
Bà ba qù.	爸爸去。	아빠가 갑니다.
Mā ma, xiè xie!	妈妈，谢谢！	엄마, 고마워요!

P02-07

* 'i'는 'j, q, x'와 결합할 때는 [이]로 발음되지만, 'zh, ch, sh, r, z, c, s'와 결합할 때는 [으]로 발음됩니다.

zh(i)*
[즈]

혀끝을 입천장에 달 듯 말 듯 말아 올린 후 혀와 입천장 사이로 공기를 빼면서 '즈~'하고 발음하세요.

zhū 猪 (돼지)   **zhǐ** 纸 (종이)

ch(i)
[츠]

'zh'와 같은 방법으로 입김을 강하게 내뿜으면서 '츠~'하고 발음하세요.

chī 吃 (먹다)   **chē** 车 (차)

sh(i)
[스]

'zh'와 같은 방법이나 혀끝과 입천장 사이로 공기를 빼면서 '스'하고 발음하세요.

shū 书 (책)   **shí** 十 (10, 열)

r(i)
[르]

혀 끝을 위로 말아 올려 '르~~~'의 느낌으로 발음합니다.

rì 日 (날, 일)   **rè** 热 (덥다, 뜨겁다)

● 문장으로 읽어 보세요.

Jiě jie chī.   姐姐吃。   누나가 먹습니다.
Dì di chī.   弟弟吃。   남동생이 먹습니다.

z(i) [쯔]

혀끝을 치아 사이에 대고 강하게 '쯔'하고 발음합니다.

zì 字 (글자)   zá zhì 杂志 (잡지)

c(i) [츠]

'z'와 비슷한 발음 모양에 '츠'하고 입김을 강하게 내뿜듯이 발음합니다.

cā 擦 (닦다)   cài 菜 (요리)

s(i) [쓰]

'z'와 비슷한 발음 모양에 '쓰'하고 강하게 발음합니다.

sì 四 (4, 넷)   sù shè 宿舍 (기숙사)

● 문장으로 읽어 보세요.

Qù sù shè.   去宿舍。   기숙사에 갑니다.
Dì di qù sù shè.   弟弟去宿舍。   남동생이 기숙사에 갑니다.

P02-09

01 녹음을 잘 듣고 들리는 순서에 따라 번호를 쓰세요.

bà ba

sù shè

xiè xie

dì di

02 녹음을 잘 듣고 알맞은 성모를 보기에서 골라 쓰세요.

❶ ū ❷ ù ❸ ái ❹ ā

zh　　l　　t　　q

03 다음 단어를 큰 소리로 읽어 보세요.

shū　　mā ma　　gē ge　　jiě jie
책　　엄마　　오빠, 형　　누나, 언니

영어 발음은 머릿속에서 지우자!

P03-01

중국어의 운모(모음) 1

복합운모

기본 복합운모

ai 아이	**ei** 에이	**ao** 아오	**ou** 어우
an 안	**en** (으)언	**ang** 앙	**eng** (으)엉
ong 옹/웅	**er** 얼		

i(yi) 결합운모

ia(ya) 이야	**ie(ye)** 이에	**iao(yao)** 이야오	**iou(you)** 이여우
ian(yan) 이옌	**iang(yang)** 이양	**iong(yong)** 이용	**ing(ying)** 잉
in(yin) 인			

u(wu) 결합운모

ua(wa) 우와	**uo(wo)** 우워	**uai(wai)** 우와이
uei(wei) 우웨이	**uan(wan)** 우완	**uang(wang)** 우왕
uen(wen) 우원	**ueng(weng)** 우엉	

ü(yu)결합운모

üe(yue) 위예	**üan(yuan)** 위옌	**ün(yun)** 윈

● 녹음을 듣고 큰 소리로 발음해 보세요.

ai
[아이]

cài　　菜 (음식)
nǎi nai　　奶奶 (할머니)

ei
[에이]

lèi　　累 (피곤하다)
mèi mei　　妹妹 (여동생)

* 'ei'는 [어이]가 아니라 [에이]
로 발음합니다.

ao
[아오]

māo　　猫 (고양이)
pǎo　　跑 (뛰다)

ou
[어우]

zǒu　　走 (걷다)
gǒu　　狗 (개)

* 'ou' 발음은 [오우]와 [어우]의
중간으로 발음합니다.

● 문장으로 읽어 보세요.

Nǎi nai lèi.　　奶奶累。　　할머니가 피곤합니다.
Mèi mei pǎo.　　妹妹跑。　　여동생이 뜁니다.
Mā ma zǒu.　　妈妈走。　　엄마가 걷습니다.

an [안]	fàn kàn	饭 (밥) 看 (보다)

en* [(으)언]	mén hěn	门 (문) 很 (매우)

*'en'은 [엔]이 아니라 [(으)언]으로 발음합니다.

ang [양]	pàng máng	胖 (뚱뚱하다) 忙 (바쁘다)

● 문장으로 읽어 보세요.

Hěn pàng.	很胖。	매우 뚱뚱합니다.
Hěn máng.	很忙。	매우 바쁩니다.

eng * [(으)엉]	**fēng** **téng**	风 (바람) 疼 (아프다)	*'eng'은 [엥]이 아니라 [으(엉)]으로 발음합니다.
ong * [옹/웅]	**dǒng** **hóng**	懂 (이해하다) 红 (빨갛다)	*'ong'은 [옹]과 [웅]의 중간으로 발음합니다.
er [얼]	**èr** **ér zi**	二 (2, 이) 儿子 (아들)	

● 숫자를 익혀봅시다 1

yī	èr	sān	sì	wǔ
一	二	三	四	五
1	2	3	4	5

연습하기

P03-06

01 녹음을 잘 듣고 들리는 순서에 따라 번호를 쓰세요.

ei

uo

en

ong

02 녹음을 잘 듣고 알맞은 운모를 보기에서 골라 쓰세요.

❶ g　　　❷ c　　　❸ d

❹ p　　　❺ f　　　❻ m

én　ài　ǒu　ēng　ǒng　àng

03 다음 단어를 큰 소리로 읽어 보세요.

māo　　　fàn　　　lèi　　　hóng
고양이　　　밥　　　피곤하다　　　빨갛다

중국어에는 같은 발음에 다른 표기가 있다!

포인트 **알아보기**

P04-01

중국어의 운모(모음) 2

결합운모

● 녹음을 듣고 큰 소리로 발음해 보세요.

*'i'로 시작하는 발음이 성모 없이 단독으로 쓰이면 'i'를 'y'로 바꾸어 표기합니다.

| ia = ya* [이야] | jiā | 家 (가정) |
| | yá gāo | 牙膏 (치약) |

| ie = ye [이에] | xiè xie | 谢谢 (고맙습니다) |
| | yé ye | 爷爷 (할아버지) |

| iao = yao [이야오] | jiǎo | 脚 (발) |
| | yào | 要 (원하다) |

| iou = you (iu) [이여우] | jiǔ | 酒 (술) |
| | yǒu | 有 (있다) |

● 문장으로 읽어 보세요.

Yé ye, xiè xie. 爷爷, 谢谢。 할아버지, 감사합니다.

Tā hē jiǔ. 他喝酒。 그는 술을 마신다.

ian = yan
[이옌]

qián　钱 (돈)
yān　烟 (담배)

iang = yang
[이양]

xiǎng　想 (생각하다)
yáng　羊 (양)

iong = yong
[이용]

xióng　熊 (곰)
yòng　用 (사용하다)

in = yin
[인]

xìn　信 (편지)
yīn　阴 (흐리다)

ing = ying
[잉]

xīng xing　星星 (별)
diàn yǐng　电影 (영화)

● 문장으로 읽어 보세요.

Kàn xīng xing.　　看星星。　　별을 보다.
Kàn diàn yǐng.　　看电影。　　영화를 보다.

결합운모

*'u'로 시작하는 발음이 성모 없이 단독으로 쓰이면 'u'를 'w'로 바꾸어 표기합니다.

ua = w*a [우와]	huā wá wa	花 (꽃) 娃娃 (인형)
uo = wo [우워]	duō wǒ	多 (많다) 我 (나)
uai = wai [우와이]	kuài wāi	快 (빠르다) 歪 (삐뚤다)
uei = wei (ui) [우웨이]	shuǐ wèi	水 (물) 胃 (위)

'uei'가 성모와 결합하면
'e'가 없어지면서 'ui'로 표기하고
'e[에]' 발음은 가볍게 합니다.

● 문장으로 읽어 보세요.

Hē shuǐ.	喝水。	물을 마신다.
Wǒ hē shuǐ.	我喝水。	나는 물을 마신다.

uan = wan
[우안]

chuán　　　船 (배)
wǎn shang　晚上 (저녁)

uang = wang
[우앙]

chuáng　床 (침대)
wàng　　忘 (잊다)

uen = wen (un)
[우언]

kùn　困 (졸리다)
wèn　问 (묻다)

'uen'이 성모와 결합하면
'e'가 없어지면서 'un'으로 표기하고
'e[(으)어]' 발음은 가볍게 합니다.

● 문장으로 읽어 보세요.

Hěn kùn.　　　很困。　　　매우 졸리다.

● 숫자를 익혀봅시다 2

liù	qī	bā	jiǔ	shí
六	七	八	九	十
6	7	8	9	10

*'ü'로 시작하는 발음이 성모 없이 단독으로 쓰이면 'yu'로 표기합니다.

성모 j, q, x가 운모 'ü'와 결합하게 되면 위의 두 점을 떼고 'u'로 표기합니다. 발음은 변하지 않습니다.

üe = yue＊
[위예]

xuě　雪 (눈)

yuè　月 (월)

üan = yuan
[위옌]

xuǎn shǒu　选手 (선수)

yī yuàn　医院 (병원)

ün = yun
[윈]

qún zi　裙子 (치마)

yún　云 (구름)

● 문장으로 읽어 보세요.

Qù yī yuàn.　去医院。　병원에 가다.

Yào qún zi.　要裙子。　치마가 필요하다.

01 녹음을 잘 듣고 들리는 순서에 따라 번호를 쓰세요.

üan

uang

iang

eng

02 녹음을 잘 듣고 알맞은 운모를 보기에서 골라 쓰세요.

❶ k　　❷ q　　❸ ch　　❹ x

iǎng　　ùn　　ián　　uáng

03 숫자를 큰 소리로 읽어 보세요.

yī	èr	sān	sì	wǔ	liù	qī	bā	jiǔ	shí
一	二	三	四	五	六	七	八	九	十
1	2	3	4	5	6	7	8	9	10

05

성조는 변화한다!

P05-01

중국어의 성조 변화

1. 제 3성의 성조변화

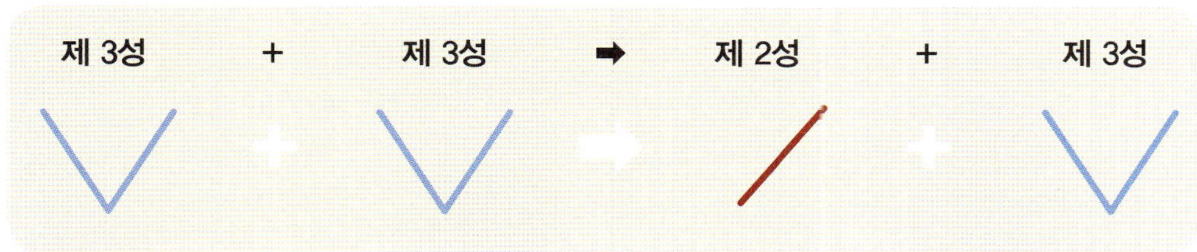

3성 뒤에 3성이 나오면 앞의 3성은 2성으로 읽습니다. 단, 표기는 변하지 않습니다.

● 녹음을 듣고 큰 소리로 발음해 보세요.

Nǐ hǎo!	你好！	안녕하세요!
Hěn hǎo.	很好。	(매우) 좋아요
Kě yǐ.	可以。	가능해요.

2. 不의 성조변화

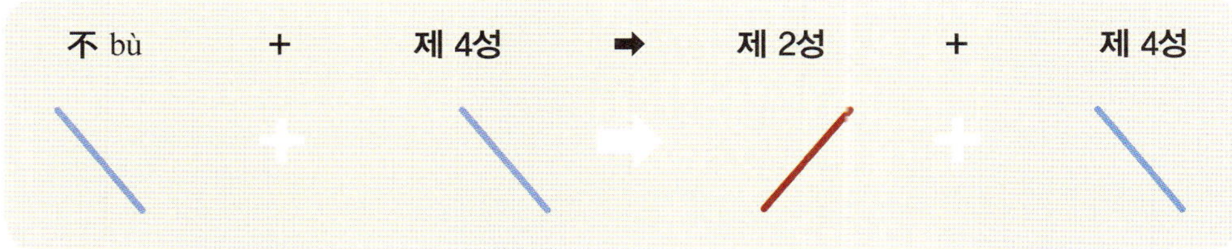

부정을 나타내는 '不[bù]' 뒤에 4성이 오면 '不'는 2성으로 읽고 표기합니다.

● 녹음을 듣고 큰 소리로 발음해 보세요.

Bú kàn.	不看。	안 본다.
Bú shì.	不是。	아니다.
Bú yào.	不要。	필요없다.

3. 반 3성

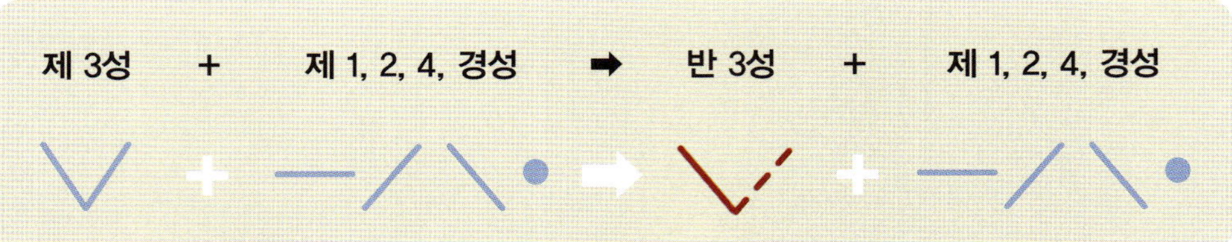

3성 뒤에 1, 2, 4, 경성이 오면 앞의 3성은 내려가는 부분만 발음하고, 올라가는 부분은 발음하지 않습니다. 이를 반 3성이라고 합니다.

● 녹음을 듣고 큰 소리로 발음해 보세요.

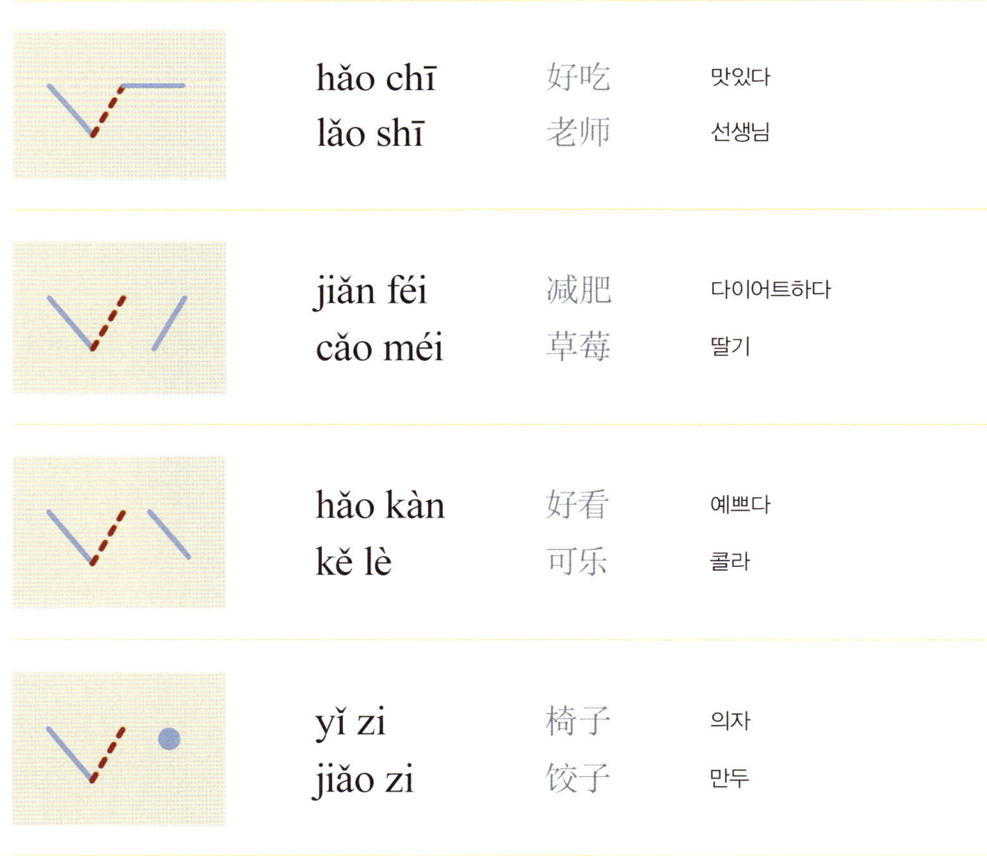

	hǎo chī	好吃	맛있다
	lǎo shī	老师	선생님
	jiǎn féi	减肥	다이어트하다
	cǎo méi	草莓	딸기
	hǎo kàn	好看	예쁘다
	kě lè	可乐	콜라
	yǐ zi	椅子	의자
	jiǎo zi	饺子	만두

녹음을 잘 듣고 맞는 발음에 표시하세요.

1. hǎo chī   hāo chī
2. jiǎn fèi   jiǎn féi
3. kě lè   kě lě

녹음을 잘 듣고 알맞은 성조를 표기하세요.

1. bu yao   2. ke yı
3. wang qiu   4. ke le

다음 중국어를 큰 소리로 읽어 보세요.

Nǐ hǎo! [안녕하세요!]   Bú kàn. [안 본다.]

lǎo shī [선생님]   hǎo kàn [예쁘다]

STEP 1

Chapter 2

01

안녕하세요! 환영합니다!

01-01

你好!

Nǐ hǎo!

안녕하세요!

스토리를 생각하며 잘 들어 보세요.

작년 민수 가족이 중국에 주재원으로 나가있을 때 알게 된 중국 친구 리리.
내심 리리를 마음에 두고 있었던 민수는 다시 한국을 찾은 리리가
반갑기만 합니다. 리리는 한국에 도착하자마자 제일 먼저
민수 가족을 만나기 위해 들뜬 마음으로 민수의 집을
방문합니다. 그들은 어떤 대화를 나눌까요?

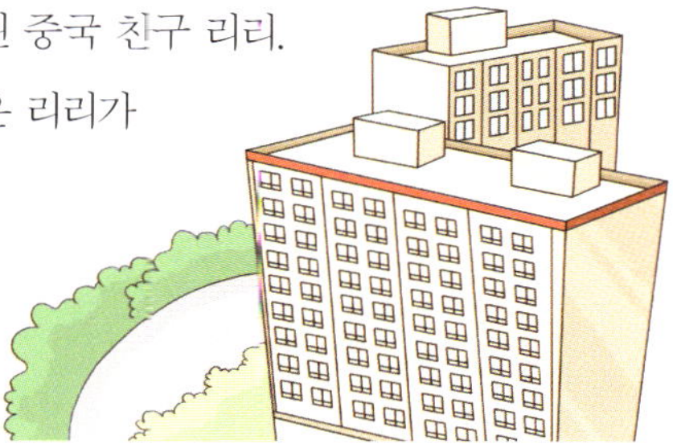

다음 대화를 큰 소리로 읽어 보세요.

🔊 01-04

민수 丽丽，你好!
Lì li,　　nǐ hǎo!
리리야, 안녕!

리리 你们好!
Nǐ men hǎo!
애들아 안녕!

好[hǎo]는 원래 '좋다'라는 의미인데, '너, 당신'을 나타내는 你[nǐ]와 같이 쓰여 '안녕하세요'란 의미의 인사말이 됩니다.

예 你好! 안녕하세요!
Nǐ hǎo!

你们好! 여러분 안녕하세요!
Nǐ men hǎo!

🔊 01-03

단어

你 nǐ 대 너, 당신 │ 好 hǎo 형 좋다, 안녕하다 │ 你们 nǐmen 대 너희들, 당신들, 여러분

민수	欢迎欢迎!	환영해!
	Huān yíng huān yíng!	

민희	欢迎你!	환영해!
	Huān yíng nǐ!	

欢迎[huān yíng] 뒤에 대상이 놓여 '~를 환영한다'는 의미로 사용되는데, 상대방에게 친근함을 강조할 때는 두 번 반복해서 사용할 수 있습니다.

예 欢迎你们! 여러분 환영해요!
Huān yíng nǐ men!

단어

欢迎 huānyíng 동 환영하다

다음 단어와 문장을 듣고 큰 소리로 따라해 보세요.

1 다음 병음에 주의해서 발음을 연습해 보세요. 01-07

| ao | hǎo 好(좋다) | māo 猫(고양이) |
| | bāo zi 包子(만두) | pào cài 泡菜(김치) |

| uan | luàn 乱(어지럽다) | chuān 穿(입다) |
| | huān yíng 欢迎(환영하다) | duǎn kù 短裤(반바지) |

2 다음 문장을 따라 읽으면서 문장 구조를 생각해 보세요. 01-09

01

您好!   안녕하세요! (높임말)

好   좋다(안녕하다)
Hǎo

您好!   안녕하세요!
Nín hǎo!

02

你们好!   여러분 안녕하세요!

好   좋다(안녕하다)
Hǎo

你们好!   여러분 안녕하세요!
Nǐ men hǎo!

단어 01-08

您 nín 대 당신(존칭), 你의 존칭

다음 문장을 큰 소리로 읽어 보세요.

01

你好!
Nǐ hǎo!

안녕하세요.!

02

您好!
Nín hǎo!

안녕하세요!

03

你们好!
Nǐ men hǎo!

여러분 안녕하세요!

04

欢迎欢迎!
Huān yíng huān yíng!

환영해요!

인칭 대명사의 복수형 알아보기!

我 wǒ 나	你 / 您 nǐ /nín 너 / 당신	他 tā 그	她 tā 그녀
↓	↓	↓	↓
我们 wǒ men 우리	你们 nǐ men 너희들	他们 tā men 그들	她们 tā men 그녀들

다음 대화에 가장 잘 어울리는 것을 골라 문장을 완성하세요.

01-12

01

A 你好!
Nǐ hǎo!
안녕하세요!

B !

안녕하세요!

❶ 你好
Nǐ hǎo

❷ 你们好
Nǐ men hǎo

02

A 你们好!
Nǐ men hǎo!
여러분 안녕하세요!

B !

환영해요!

❶ 您好
Nín hǎo

❷ 欢迎欢迎
Huān yíng huān yíng

01-13

 **핵심표현** *이것만은 꼭!*

你**好**!
Nǐ hǎo!

안녕하세요!

欢迎欢迎!
Huān yíng huān yíng!

환영해요!

성 앞에 붙는 小[xiǎo]와 老[lǎo]의 의미는?

중국인들끼리 서로 사용하는 호칭을 통해 대략 그들의 친숙한 정도를 알 수 있어요. 서로 잘 알고 친한 경우에 성 앞에 小[xiǎo, 샤오] 혹은 老[lǎo, 라오]를 붙인답니다. 보통 동년배나 나이가 어린 사람에게는 小(샤오)를, 연배가 비슷한 사람이나, 친한 연장자에게는 老(라오)를 붙입니다.

웃어른이나 친구가 당신을 '小+성(姓)'으로 부르는 것은 절대로 당신이 체구가 작거나 나이가 어리다고 깔보는 것이 아니며, 연장자에게 '老+성(姓)'으로 두르는 것도 상대방이 당신보다 늙었다라는 의미가 아니라는 겁니다. 小, 老를 붙임으로써 서로의 사이가 가깝고 아주 친밀함을 표시하는 어감을 더해 준답니다. 하지만 처음 만나는 자리에서는 피하는 것이 좋겠죠?

● 동료지간, 친구 사이, 아끼는 후배나 동생에게

小王
Xiǎo wáng
샤오왕

小李
Xiǎo lǐ
샤오리

● 서로 비슷한 연배들끼리, 친한 연장자에게

老金
Lǎo jīn
라오진

老张
Lǎo zhāng
라오장

중국 친구를 사귄 후, 서로 친해진 다음에 이렇게 불러보세요.

안녕이라 말하지마!

02-01

再见!

Zài jiàn!

안녕히 계세요! 안녕히 가세요!

스토리를 생각하며 잘 들어 보세요.

민수의 아버지가 늦게 귀가해 리리와 오랜만에 이야기를
나눕니다. 민수 가족의 환대를 받고 매우 즐거워하는 리리.
저녁식사를 하다 보니 벌써 헤어질 시간이 되었네요.
헤어지기 아쉬워하는 그들의 대화를 들어볼까요?

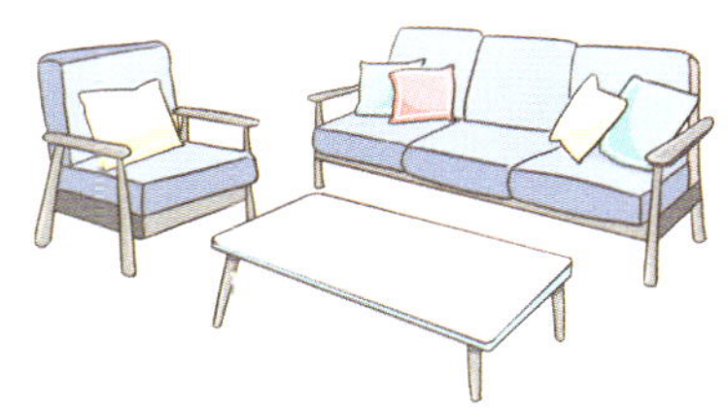

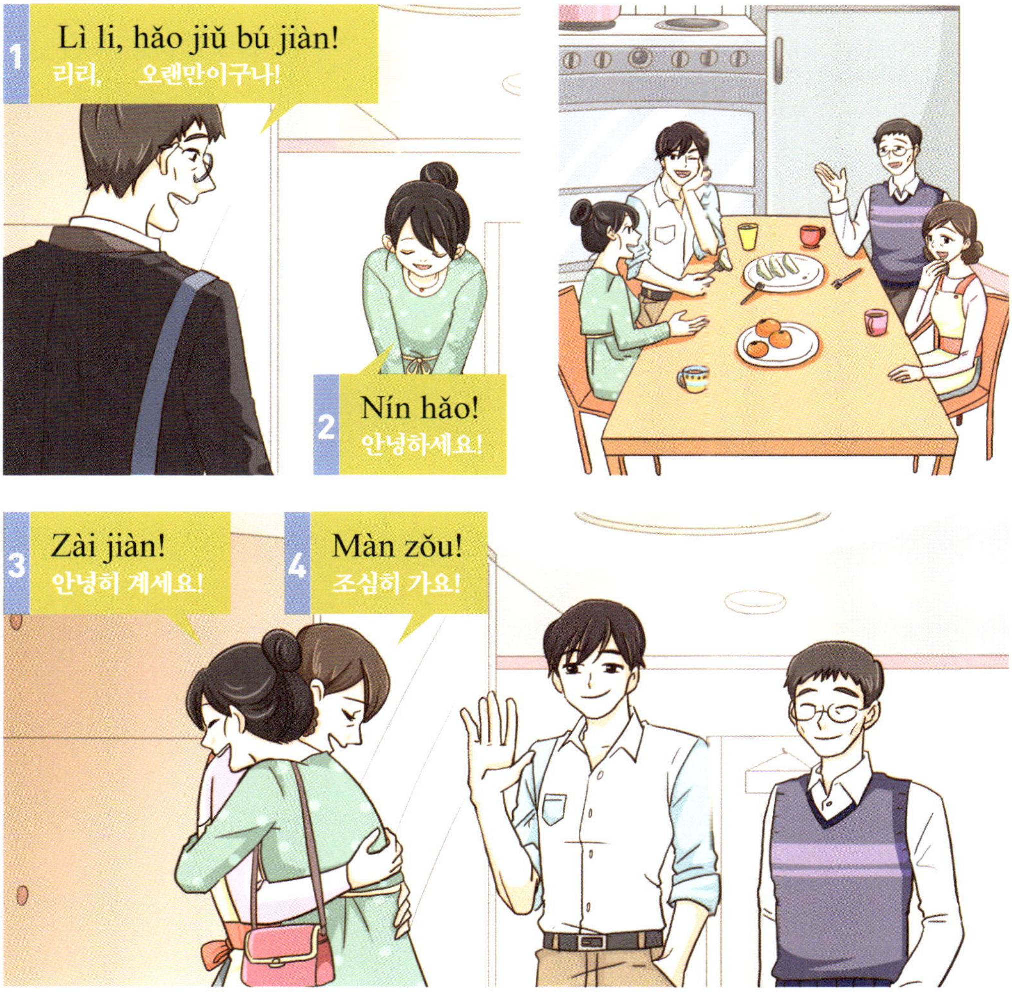

다음 대화를 큰 소리로 읽어 보세요.

02-04

영철 丽丽, 好久不见!
Lì li, hǎo jiǔ bú jiàn!

리리, 오랜만이구나!

리리 您好!
Nín hǎo!

안녕하세요!

好久不见[hǎo jiǔ bú jiàn]를 해석하면 '아주 오랜 시간 동안 만나지 못했다'인데, 일반적으로 '오랜만이다'라는 의미로 회화에서 자주 사용하는 표현입니다.

예 民秀, 好久不见!   민수야, 오랜만이야!
Mín xiù, hǎo jiǔ bú jiàn!

不[bù]는 원래 4성인데, 뒤에 오는 단어도 같은 4성일 경우에는 2성으로 발음되며, 표기도 2성 (bú)으로 합니다.

예 不见   bù jiàn (x)   만나지 않다   不看   bù kàn (x)   보지 않다
      bú jiàn (o)   bú kàn (o)

02-03

단어

好久不见 hǎojiǔbújiàn 오랜만이다 | 您 nín 대 당신(존칭)

다음 대화를 큰 소리로 읽어 보세요.

리리   再见!   안녕히 계세요!
Zài jiàn!

미자   慢走!   조심히 가요!
Màn zǒu!

再见[zài jiàn]은 헤어질 때 하는 인사표현입니다. 再[zài]는 '다시', 见[jiàn]은 '만나다'의 뜻으로 '다음에 만나자'라는 의미를 지닙니다.

예   再见!   안녕히 가세요!
Zài jiàn!

慢走[màn zǒu]는 주인이 손님을 배웅할 때 하는 표현으로, '살펴가세요, 조심히 가세요'란 의미를 나타냅니다.

예   慢走!   살펴가세요!
Màn zǒu!

단어

慢走 mànzǒu   살펴가세요, 조심히 가세요

다음 단어와 문장을 듣고 큰 소리로 따라해 보세요.

1 다음 병음에 주의해서 발음을 연습해 보세요.　02-07

ai
zài 再(다시)
nǎi nai 奶奶(할머니)

lái 来(오다)
kāi chē 开车(운전하다)

ian
qián 钱(돈)
jiàn miàn 见面(만나다)

xián 咸(짜다)
xǐ liǎn 洗脸(세수하다)

2 다음 문장을 따라 읽으면서 문장 구조를 생각해 보세요.　02-08

01　早上好!　　안녕하세요!(아침인사)

好　　좋다(안녕하다)
hǎo

早上好!　　안녕하세요!
Zǎo shang hǎo!

02　晚上好!　　안녕하세요!(저녁인사)

好　　좋다(안녕하다)
hǎo

晚上好!　　안녕하세요!
Wǎn shang hǎo!

다음 문장을 큰 소리로 읽어 보세요.

嗨 / 早! / 早上好!
Hāi! / Zǎo! / Zǎo shang hǎo!

하이! / 안녕하세요! / 안녕하세요!

中午好!
Zhōng wǔ hǎo!

안녕하세요!

晚上好!
Wǎn shang hǎo!

안녕하세요!

晚安!
Wǎn'ān!

안녕히 주무세요!

> a, o, e'로 시작하는 음절이 다른 음절 뒤에 올 경우, 앞 음절과 구분시키기 위해 '작은 따옴표'로 표시하는데, 이것을 '격음부호'라고 합니다.
> 女儿[nǚ'ér] 딸

拜拜! / 再见!
Bái bai!(Bài bai!) Zài jiàn!

안녕!(Bye - Bye!)

단어

嗨 hāi Hi(하이) | 早 zǎo [형] 이르다, 안녕하세요(아침인사) | 早上 zǎo shang [명] 아침
中午 zhōngwǔ [명] 정오, 점심 | 晚上 wǎn shang [명] 저녁 | 晚安 wǎn'ān 안녕히 주무세요
拜拜 bàibai Bye-Bye, 안녕 (일상 회화에서는 'báibai'라고 자주 사용합니다.)

내 것으로 **만들기**

다음 대화에 가장 잘 어울리는 것을 골라 문장을 완성하세요.

02-11

01

A 你好!
 Nǐ hǎo!
 안녕하세요!

B   !

 안녕하세요!(아침인사)

❶ 早
Zǎo

❷ 再见
Zài jiàn

02

A 你好!
 Nǐ hǎo!
 안녕하세요!

B   !

 오랜만이에요!

❶ 好久不见
Hǎo jiǔ bú jiàn

❷ 慢走
Màn zǒu

02-12

 핵심표현 *이것만은 꼭!*

再见!
Zài jiàn!

안녕히 가세요!

好久不见!
Hǎo jiǔ bú jiàn!

오랜만이네요!

잰말 놀이를 통해 발음 UP!

아래의 잰말을 정확하고 빠르게 읽어 보세요.

都个儿高

dōu gèr gāo

Dà gē gèr gāo,
Èr gē gèr gāo,
Dà gē èr gē dōu gèr gāo.

大哥个儿高,
二哥个儿高,
大哥二哥都个儿高。

모두가 키가 커요.

형은 키가 커요.
동생은 키가 커요.
형과 동생 모두 키가 커요.

미안해! 고마워!

03-01

对不起!
Duì bu qǐ!

미안해요!

谢谢!
Xiè xie!

감사해요!

스토리를 생각하며 잘 들어 보세요.

리리와 함께 서울의 명소를 구경하기로 한 민수. 어제 밤 데이트 코스를 짜느라 늦게 잠이 들어버렸어요. 게다가 리리에게 줄 꽃을 사려다 결국 약속 시간에 늦어버린 민수. 로맨티스트의 길을 선택한 대신, 시간 약속을 지키지 못하는 남자가 되어버렸네요.

다음 대화를 큰 소리로 읽어 보세요.

03-04

민수	哎呀! **对不起!** Āi ya!　**Duì bu qǐ!**	아이고! 미안해!
리리	没事没事! Méi shì méi shì!	괜찮아 괜찮아!

对不起[duì bu qǐ]는 상대방에게 잘못을 했을 때 사과하는 표현입니다. 사과에 대한 대답으로 没事[méi shì], 没关系[méi guān xi]가 있습니다. 특히, 베이징 지역 등 북방사람들은 没事 뒤에 습관적으로 儿[er/-r]을 붙여 没事儿[méi shìr]이라고 말합니다.

예 对不起!　　　　　　죄송해요!
Duì bu qǐ!

没关系! (没事儿!)　　괜찮아요!
Méi guān xi!(méi shìr!)

03-03

단어

哎呀 āiyā(āiya) 감탄 아이고, 아이쿠　|　对不起 duìbuqǐ 동 미안하다　|　没事(儿) méishì(r) 동 괜찮다

| 리리 | 哇，很漂亮！ 谢谢！ | 와, 정말 예쁘다! 고마워! |
| | Wā, hěn piào liang! Xiè xie! | |

| 민수 | 嘿嘿，不客气！ | 히히, 천만에(고맙기는)! |
| | Hēi hēi, bú kè qi! | |

谢谢[Xiè xie]는 상대방에게 감사를 표현하는 말입니다. 감사에 대한 대답은 不客气[Bú kè qi]라고 말하면 됩니다.

예 谢谢！   고마워요!
Xiè xie!

不客气！   천만에요!
Bú kè qi!

단어

哇 wā(wa) 감탄 와!　　很 hěn 부 매우　　漂亮 piàoliang 형 예쁘다　　谢谢 xièxie 동 감사하다
嘿嘿 hēihēi 의성 히히(웃음소리)　　不客气 búkèqi 천만에요

문장 **나눠보기**

다음 단어와 문장을 듣고 큰 소리로 따라해 보세요.

1 다음 병음에 주의해서 발음을 연습해 보세요.　03-07

ei	lèi 累(피곤하다) fēi jī 飞机(비행기)	shéi 谁(누구) mèi mei 妹妹(여동생)
ui	shuǐ 水(물) huí jiā 回家(집에 가다)	guì 贵(비싸다) chuī fēng 吹风(바람이 불다)
iao	qiāo 敲(두드리다) xiǎo jie 小姐(아가씨)	jiào 叫(~라고 하다) liáo tiān 聊天(잡담을 하다)
iang	xiǎng 想(생각하다, ~하고 싶다) yuè liang 月亮(달)	qiáng 墙(벽, 담) hù xiāng 互相(서로, 상호)

PLUS TIP+ **你好! 인사말의 또 다른 표현은?**

你好吗?　안녕하세요? (잘 지내십니까?)
Nǐ hǎo ma?

- 你好[Nǐ hǎo]는 언제 어디서든 가볍게 쓸 수 있는 인사말로써 상대방도 가볍게 你好! 라고 대답하면 됩니다. 반면 你好吗? 는 상대방의 안부를 묻는 표현으로 '我很好。[Wǒ hěn hǎo.] 저는 잘 지냅니다.' 등의 간단한 답변이 필요한 인사말입니다.

다음 대화를 큰 소리로 읽어 보세요.

01

A

不好意思。
Bù hǎo yì si.

미안합니다.

B

没事(儿)没事(儿)。
Méi shì(r) mei shì(r).

괜찮습니다 괜찮습니다.

02

A

对不起。
Duì bu qǐ.

미안합니다.

B

没关系。
Méi guān xi.

괜찮습니다.

不好意思 bù hǎo yìsi 부끄럽다, 미안해하다

다음 대화에 가장 잘 어울리는 것을 골라 문장을 완성하세요.

🎧 03-10

01

A ______!

죄송해요!

B 没关系!
Méi guān xi!
괜찮아요!

❶ 对不起
Duì bu qǐ

❷ 谢谢
Xiè xie

02

A 谢谢!
Xièxie!
감사해요!

B ______!

천만에요!

❶ 没关系
Méi guān xi

❷ 不客气
Bú kè qi

🎧 03-11

 **핵심표현** *이것만은 꼭!*

对不起!   죄송해요!
Duì bu qǐ!

谢谢!   감사해요!
Xiè xie!

没关系!   괜찮아요!
Méi guān xi!

不客气!   천만에요!
Bú kè qi!

중국인들이 좋아하는 선물은?

한국 물건 중 중국인들이 가장 선호(좋아)하는 선물은 무엇이 있을까요? 알아두면 유용하겠죠!

紫菜
zǐ cài

바로 **김**입니다. 중국인들은 남녀노소를 불문하고 김을 다 좋아하는데요, 격식을 갖춰야 하는 자리나 친한 친구들에게도 부담 없는 선물입니다.

化妆品
huà zhuāng pǐn

그 외에 **한국 화장품**을 아주 좋아하죠. 특히, 중국 여성들에게 선물할 때는 이보다 더 좋은 선물은 없을 겁니다.

04

나는 먹는다.

04-01

我吃。
Wǒ chī.

나는 먹어요.

스토리를 생각하며 잘 들어 보세요.

민희가 짝사랑하는 학교 선배는 좀처럼 민희의 마음을
몰라주네요. 여자 자존심 상 먼저 고백을 할 수도 없고….
계속 어긋나는 선배와의 관계 때문에 속상한 민희가 종이에
무언가를 열심히 적고 있습니다. 한 편의 시 같은데요.
그 내용은 간결하지만 사람의 마음을 먹먹하게 합니다.

Wǒ chī, tā bù chī.
나는 먹고, 그는 먹지 않는다.

Wǒ shuō, tā bù shuō.
나는 말하고, 그는 말하지 않는다.

Wǒ kàn tā, tā bú kàn wǒ.
나는 그를 보고, 그는 나를 보지 않는다.

다음 대화를 큰 소리로 읽어 보세요.

04-04

| 민희 | 我吃，他不吃。
Wǒ chī, tā bù chī. | 나는 먹고, 그는 먹지 않는다. |

我说，他不说。
Wǒ shuō, tā bù shuō.

나는 말하고, 그는 말하지 않는다.

중국어는 우리말과 다르게 주어 뒤에 술어(동사)가 옵니다.

예 我吃。　　나는 먹어요.
Wǒ chī.

부정형은 술어 앞에 不[bù]를 붙입니다.

예 我不吃。　　나는 먹지 않아요.
Wǒ bù chī.

04-03

단어

我 wǒ 대 나, 저 ｜ 吃 chī 동 먹다 ｜ 他 tā 대 그 ｜ 不 bù 부 ~하지 않다 ｜ 说 shuō 동 말하다, 이야기하다

我看他，他不看我。
Wǒ kàn tā,　tā bú kàn wǒ.

나는 그를 보고, 그는 나를 보지 않는다.

중국어의 기본 어순은 '주어 + 술어(동사)+ 목적어'입니다. 중국어에는 조사가 없기 때문에 어순이 매우 중요합니다.

예

주어	술어	목적어
我	看	他。
Wǒ	kàn	tā.
나는	그를	봐요.

부정문을 만들 때는 동사 앞에 不[bù]를 붙입니다. 특히, 不뒤에 4성이 올 경우 不는 2성으로 발음되며, 2성(bú)으로 표기합니다.

예 我不看他。　나는 그를 보지 않아요.
Wǒ bú kàn tā.

단어

看 kàn 동 보다

다음 단어와 문장을 듣고 큰 소리로 따라해 보세요.

1 다음 병음에 주의해서 발음을 연습해 보세요.　04-07

an	kàn 看(보다)	nán 难(어렵다)
	gān jìng 干净(깨끗하다)	lǎo bǎn 老板(사장님)
uo	shuō 说(말하다)	huǒ 火(불)
	Hán guó 韩国(한국)	méi cuò 没错(괜찮다)

2 다음 문장을 따라 읽으면서 문장 구조를 생각해 보세요.　04-09

01　　我听，她不听。　　　　나는 듣고, 그녀는 듣지 않아요.

　　　　不听　　　　　　　　　듣지 않다
　　　　bù tīng

　　　　她不听　　　　　　　　그녀는 듣지 않다
　　　　tā bù tīng

　　　　我听，她不听。　　　　나는 듣고, 그녀는 듣지 않아요.
　　　　Wǒ tīng, tā bù tīng.

단어

听 tīng 동 듣다

01

我听，她不听。
Wǒ tīng, tā bù tīng.

나는 듣고, 그녀는 듣지 않아요.

02

我听歌，她不听歌。
Wǒ tīng gē, tā bù tīng gē.

나는 노래를 듣고, 그녀는 노래를 듣지 않아요.

단어

歌 gē 명 노래

다음 보기를 참고하여 문장을 완성하세요.

04-12

01

他 ___________。 그녀는 먹어요.
Tā

他 ___________。 그는 먹지 않아요.
Tā

02

他 ___________。 그는 봐요.
Tā

她 ___________。 그녀는 보지 않아요.
Tā

HINT

看	不吃	不看	吃
kàn	bù chī	bú kàn	chī

04-13

🔊 | **핵심표현** *이것만은 꼭!*

긍정

我 吃。
Wǒ chī.
나는 먹어요.

부정

我 不吃。
Wǒ bù chī.
나는 먹지 않아요.

我 看 他。
Wǒ kàn tā.
나는 그를 봐요.

我 不看 他。
Wǒ bú kàn tā.
나는 그를 보지 않아요.

재미있는 중국의 결혼문화는?

우리나라는 결혼식을 먼저 올리고 그 다음에 혼인신고를 하는 게 일반적인데요, 중국은 다르답니다. 중국에서는 남녀가 결혼을 하는데 가장 중요한 절차가 결혼식을 올리는 것 보다 **결혼증 [结婚证, jiéhūnzhèng]**을 발급받는 것이지요.

결혼증을 받은 후에 친지와 지인들을 모시고 **결혼식을 하는 것**이 법으로 되어 있답니다. 또한, 중국의 결혼은 우리나라 결혼식과 피로연이 합쳐진 형태로 고급식당이나 호텔에서 몇 시간을 걸쳐 흥겨운 파티를 진행한답니다. 특히, 하객들이 나눠 앉은 테이블에 빠져서는 안 되는 것이 있는데요, 그게 바로 **담배, 술, 사탕**이랍니다. 술과 담배는 손님을 대접할 때 꼭 필요한 것이고, 사탕은 결혼생활이 달콤하기를 기원하는 의미라고 해요. 우리나라의 떡과 같은 의미로 빠트리지 않고 준비를 하지요.

결혼식에 사용하는 이러한 물품들은 중국어로 부르는 전문적인 표현이 있는데요, 담배는 **喜烟[xǐ yān]**, 술은 **喜酒[xǐ jiǔ]**, 사탕은 **喜糖[xǐ táng]**이라고 한답니다.

우리나라에서는 "언제 국수 먹여 줄거니?"라고 묻지만, 중국에서는 **"언제 사탕 먹여줄래?"**라고 묻는답니다. 중국어로 你什么时候给我吃喜糖? [Nǐ shén me shí hou gěi wǒ chī xǐ táng?]이라고 하는데요, 중국 친구에게 한번 물어보면 어떨까요?

차 한 잔 할래?

05-01

你喝茶吗?

Nǐ hē chá ma?

차 마실래요?

스토리를 생각하며 잘 들어 보세요.

민수는 리리에게 서울 야경을 보여주고 싶다며 남산
산책로를 함께 걷습니다. 산 정상에서 리리와
커플 자물쇠를 걸려고 하는 것 같네요. 오랜만에 나선
나들이 탓에 힘이 드는 민수. 최근 운동을 쉰 사실에 대한
후회가 몰려오네요. 어디선가 좀 쉬고 싶기는 하고… 리리는 지친 기색이
전혀 없고… 어떡하죠?

05-02

다음 대화를 큰 소리로 읽어 보세요.

05-04

| 민수 | 你喝茶**吗**? | 차 마실래? |

Nǐ hē chá **ma**?

| 리리 | 我不喝… | 안 마실래… |

Wǒ bù hē…

吗[ma]는 문장 끝에 붙여 '~입니까?'란 형태의 의문문을 나타냅니다.

예 我喝茶。 나는 차를 마셔요.
Wǒ hē chá.

你喝茶**吗**? 당신은 차를 마셔요?
Nǐ hē chá **ma**?

05-03

단어

喝 hē 동 마시다 ｜ 茶 chá 명 차 ｜ 吗 ma 조 문장 끝에 쓰여 의문의 어감을 나타냄

05-04

| 리리 | 啊！我喝我喝，我喝茶。 | 아! 마실게 마실게, 나 차 마실래. |
| | À!　Wǒ hē wǒ hē,　wǒ hē chá. | |

| 민수 | 好！我喝可乐。 | 좋아! (그럼) 난 콜라. |
| | Hǎo! Wǒ hē kě lè. | |

好[hǎo]는 인사말로 쓰이는 것 외에, 단독으로 쓸 때는, '좋아요, 네 알겠어요'란 의미로 상대방의 의견이나 제안에 동의하는 말로 자주 사용됩니다.

예 　好！谢谢！　　알겠어요! 감사합니다!
　　Hǎo! Xiè xie!

　　好！你说。　　좋아요! 말씀하세요.
　　Hǎo! Nǐ shuō.

05-05

단어

啊 à 감탄 아！　｜　可乐 kělè 명 콜라

다음 단어와 문장을 듣고 큰 소리로 따라해 보세요.

1 다음 병음에 주의해서 발음을 연습해 보세요. 〔 05-07 〕

zh	**zhǎo** 找(찾다) **dǎ zhé** 打折(할인하다)	**zhū** 猪(돼지) **zá zhì** 杂志(잡지)
ch	**chē** 车(차) **chǎo fàn** 炒饭(볶음밥)	**chá** 茶(차) **chàng gē** 唱歌(노래를 부르다)
sh	**shí** 十(십, 10) **sù shè** 宿舍(기숙사)	**shān** 山(산) **shěng qián** 省钱(돈을 아끼다)
r	**rè** 热(덥다) **dāng rán** 当然(당연하다)	**rēng** 扔(던지다) **rǎn sè** 染色(염색하다)

2 다음 문장을 따라 읽으면서 문장 구조를 생각해 보세요. 〔 05-09 〕

01

你喝咖啡**吗**? 당신은 커피를 마실래요?

吗? ~입니까?
ma?

咖啡吗? 커피입니까?
kā fēi ma?

喝咖啡吗? 커피를 마실래요?
hē kā fēi ma?

你喝咖啡吗? 당신은 커피를 마실래요?
Nǐ hē kā fēi ma?

〔 05-08 〕

단어

咖啡 kāfēi 명 커피

다음 대화를 큰 소리로 읽어 보세요.

A

你喝吗?
Nǐ hē ma?
당신은 마실래요?

B

我喝。
Wǒ hē.
마실래요.

A

你喝咖啡吗?
Nǐ hē kā fēi ma?
당신은 커피를 마실래요?

B

我喝可乐。
Wǒ hē kě lè.
저는 콜라를 마실래요.

내 것으로 **만들기**

다음 대화에 가장 잘 어울리는 것을 골라 문장을 완성하세요.

05-11

01

A 你喝茶吗?
Nǐ hē chá ma?
당신은 차를 마셔요?

B ________________。

저는 안 마셔요.

❶ 我喝
Wǒ hē

❷ 我不喝
Wǒ bù hē

02

A 你喝咖啡吗?
Nǐ hē kā fēi ma?
당신은 커피를 마실래요?

B ________________。

저는 콜라를 마실래요.

❶ 我喝咖啡
Wǒ hē kā fēi

❷ 我喝可乐
Wǒ hē kě lè

05-12

핵심표현 *이것만은 꼭!*

你喝茶吗?　당신은 차를 마셔요?
Nǐ hē chá ma?

我喝。　저는 마셔요.
Wǒ hē.

我不喝。　저는 안 마셔요.
Wǒ bù hē.

차에 우유를 넣어서 먹는 음료수는?

중국어로 奶茶[nǎi chá]라고 합니다.
중국 사람들이 즐겨 마시는 음료수이지요.
최근 한국에서도 이런 차와 우유를 동시에 즐길 수 있는 음료수가 인기인데요,

한국에서 인기 있는 奶茶를 중국어로 뭐라고 할까요?

한국 사람들이 좋아하는 '나이차(奶茶)'가 바로 '버블티'인데요,
중국어로 珍珠奶茶[zhēn zhū nǎi chá], 직역하면,
'진주 밀크티'라고 합니다.

나이차를 특별하게 먹을 수 있도록 만들어 놓은 것인데요,
차와 우유에 진주처럼 둥글둥글한 젤리를 넣어 만들어
재미를 더해 준답니다.

기회가 되면 중국 현지에서 파는 珍珠奶茶는 어떤 맛인지 한번 즐겨보세요.

06

너도 아름다워!

06-01

你也很美丽。

Nǐ yě hěn měi lì.

당신도 아름다워요.

스토리를 생각하며 잘 들어 보세요.

남산타워 전망대로 들어온 리리와 민수. 리리와 민수가 서울의 야경을 내려다 보면서 함께 걷습니다. 감성 충만한 오늘의 데이트가 막바지에 이르고 있네요. 어떤 대화가 오고 갈까요?

다음 대화를 큰 소리로 읽어 보세요.

06-04

민수 你累吗?
Nǐ lèi ma?

피곤하니?

리리 我很累, 你呢?
Wǒ hěn lèi, nǐ ne?

많이 피곤하네, 너는?

민수 我也很累。
Wǒ yě hěn lèi.

나도 피곤하네.

呢[ne]는 방금 거론 되었던 문제나 상황에 대해 상대방의 의견을 반복해서 물을 때 사용합니다.
也[yě]는 일반적으로 주어 뒤에 놓여 '~도, 역시'란 의미를 나타냅니다.

예 你看吗?　　 Nǐ kàn ma?　　 너 볼래?

我看, 你呢?　 Wǒ kàn, nǐ ne?　 나 볼래, 너는?

我也看。　　 Wǒ yě kàn.　　 나도 볼래.

06-03

단어

累 lèi 형 피곤하다 ｜ 呢 ne 조 ~는요? ｜ 也 yě 부 ~도, 역시

리리 哇! 韩国很美丽。
Wa! Hán guó hěn měi lì.

와! 한국은 정말 아름다워.

민수 你也很美丽。
Nǐ yě hěn měi lì.

너도 아름다워.

일반적으로 형용사 앞에는 '아주, 매우'라는 뜻을 나타내는 很[hěn]를 습관적으로 넣어 사용하기 때문에 굳이 해석을 하지 않아도 됩니다.

예 你很美丽。
Nǐ hěn měi lì.

당신은 아름다워요.

你很漂亮。
Nǐ hěn piào liang.

당신은 예뻐요.

단어

韩国 Hánguó 고유 한국   美丽 měilì 형 아름답다

문장 **나눠보기**

다음 단어와 문장을 듣고 큰 소리로 따라해 보세요.

1 다음 병음에 주의해서 발음을 연습해 보세요. 〔06-07〕

en
- **hěn** 很(아주)
- **kāi mén** 开门(문을 열다)
- **gēn** 跟(~와/과)
- **chèn shān** 衬衫(와이셔츠)

ye
- **yě** 也(~도)
- **chá yè** 茶叶(찻잎)
- **yé ye** 爷爷(할아버지)
- **zuò yè** 作业(숙제)

2 다음 문장을 따라 읽으면서 문장 구조를 생각해 보세요. 〔06-09〕

01 我不饿，你呢？   저는 배고프지 않아요, 당신은요?

呢？
ne?   ~은요?

你呢？
nǐ ne?   당신은요?

我不饿，你呢？
Wǒ bú è,   nǐ ne?   저는 배고프지 않아요, 당신은요?

02 我也不饿。   저도 배고프지 않아요.

饿
è   배고프다

不饿
bú è   배고프지 않다

我也不饿。
Wǒ yě bú è.   저도 배고프지 않아요.

〔06-08〕

단어

饿 è 〔형〕 배고프다

다음 대화를 큰 소리로 읽어 보세요.

你饿吗?
Nǐ è ma?

배고프신가요?

我不饿，你呢?
Wǒ bú è,　nǐ ne?

저는 배고프지 않아요, 당신은요?

我也不饿。
Wǒ yě bú è.

저도 배고프지 않아요.

자주 사용하는 형용사 익히기!

忙　바쁘다
máng

困　졸리다
kùn

渴　목마르다
kě

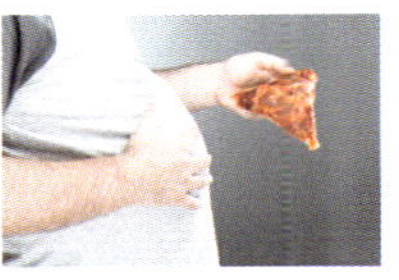

饱　배부르다
bǎo

내 것으로 **만들기**

다음 대화에 가장 잘 어울리는 것을 골라 문장을 완성하세요.

06-12

01

A 我很累,   ?
Wǒ hěn lèi,
저는 피곤해요, 당신은요?

B 我也很累。
Wǒ yě hěn lèi.
저도 피곤해요.

① 你呢
nǐ ne

② 你累吗
nǐ lèi ma

02

A 我不饿，你呢?
Wǒ bú è,　nǐ ne?
저는 배고프지 않아요, 당신은요?

B   。

저도 배고프지 않아요.

① 我也很饿
Wǒ yě hěn è

② 我也不饿
Wǒ yě bú è

06-13

핵심표현 *이것만은 꼭!*

我很累, 你呢?
Wǒ hěn lèi, nǐ ne?

전 피곤해요, 당신은요?

我也很累。
Wǒ yě hěn lèi.

저도 피곤해요.

잰말 놀이를 통해 발음 UP!

아래의 잰말을 정확하고 빠르게 읽어 보세요.

兔和肚

tù hé dù

---

bái tù shì bái dù,
hēi tù shì hēi dù.
bái tù bái dù bú shì hēi dù,
hēi tù hēi dù bú shì bái dù.

白兔是白肚，
黑兔是黑肚。
白兔白肚不是黑肚，
黑兔黑肚不是白肚。

토끼와 배

흰 토끼는 흰 배이고,
검은 토끼는 검은 배입니다.
흰 토끼의 흰 배는 검은 배가 아니고,
검은 토끼의 검은 배는 흰 배가 아니랍니다.

원하는 게 뭐니?

07-01

你要什么?

Nǐ yào shénme?

당신은 뭘 원해요?

스토리를 생각하며 잘 들어 보세요.

즐거웠던 주말을 뒤로하고 또 한 주가 시작되는 월요일 아침.
업무 시작 전 평소 장난이 심한 박대리가 민수를 보자마자
쫓아다니며 장난을 걸어오고 있네요.

다음 대화를 큰 소리로 읽어 보세요.

07-04

박대리	民秀, 你看**什么**?	민수, 뭐 보고 있니?
	Mín xiù, nǐ kàn **shén me**?	

민수	我看报。	신문 봐요.
	Wǒ kàn bào.	

박대리	你吃**什么**?	뭐 먹니?
	Nǐ chī **shén me**?	

민수	我吃汉堡包。	햄버거 먹고 있어요.
	Wǒ chī hàn bǎo bāo.	

什么[shén me]는 '무엇'이라는 의문사로 상대방에게 구체적인 내용을 묻는 말입니다. 이때, 문장 마지막에 吗[ma]는 붙이지 않습니다.

예 你喝**什么**?　　　　你买**什么**?
Nǐ hē **shén me**?　　　Nǐ mǎi **shén me**?
당신은 무엇을 마셔요?　당신은 무엇을 사요?　　　　* 买[mǎi] 사다

07-03

단어

什么 shénme 의대 무엇 ｜ 报 bào 명 신문 ｜ 汉堡包 hànbǎobāo 명 햄버거

다음 대화를 큰 소리로 읽어 보세요.

07-06

박대리　你**要**什么?
Nǐ yào shén me?

뭐 필요해?

민수　我**要**……休息。
Wǒ yào…… xiū xi.

저…… 휴식이 필요해요.

要[yào]는 '~을 원하다, 필요하다'라는 의미를 나타냅니다.

예　我**要**可乐。
Wǒ yào kě lè.

저는 콜라가 필요해요.

你**要**咖啡吗?
Nǐ yào kā fēi ma?

당신은 커피를 원해요?

07-07

단어

要 yào 동 원하다, 필요하다　│　休息 xiūxi 명/동 휴식, 쉬다

다음 단어와 문장을 듣고 큰 소리로 따라해 보세요.

1 다음 병음에 주의해서 발음을 연습해 보세요. ▶ 07-07

yao
- yǎo 咬(물다)
- chī yào 吃药(약을 먹다)
- yāo 腰(허리)
- xū yào 需要(필요하다)

iu
- xiū 修(고치다)
- hē jiǔ 喝酒(술을 마시다)
- liù 六(6, 여섯)
- niú nǎi 牛奶(우유)

2 다음 문장을 따라 읽으면서 문장 구조를 생각해 보세요. ▶ 07-09

01

你吃**什么**？ — 당신은 무엇을 먹어요?

什么？
shén me? — 무엇?

吃什么？
chī shén me? — 무엇을 먹어요?

你吃什么？
Nǐ chī shén me? — 당신은 무엇을 먹어요?

02

我**吃面包**。 — 저는 빵을 먹어요.

面包
miàn bāo — 빵

吃面包
chī miàn bāo — 빵을 먹다

我吃面包。
Wǒ chī miàn bāo. — 저는 빵을 먹어요.

▶ 07-08

단어

面包 miànbāo 명 빵

다음 대화를 큰 소리로 읽어 보세요.

01

A

你吃什么?
Nǐ chī shén me?

당신은 무엇을 먹어요?

B

我吃面包。
Wǒ chī miàn bāo.

나는 빵을 먹어요.

02

A

他喝什么?
Tā hē shén me?

그는 무엇을 마셔요?

B

他喝牛奶。
Tā hē niú nǎi.

그는 우유를 마셔요.

단어

牛奶 niúnǎi 명 우유

다음 대화에 가장 잘 어울리는 것을 골라 문장을 완성하세요.

07-12

01

A 你吃什么?
Nǐ chī shén me?
당신은 무엇을 먹어요?

B 我吃　　　　。
Wǒ chī
저는 햄버거를 먹어요.

❶ 面包
miàn bāo

❷ 汉堡包
hàn bǎo bāo

02

A 你要什么?
Nǐ yào shén me?
당신을 무엇을 원해요?

B 我要　　　　。
Wǒ yào
저는 휴식을 원해요.

❶ 休息
xiū xi

❷ 咖啡
kā fēi

07-13

 **핵심표현** *이것만은 꼭!*

你**看**什么?　당신은 무엇을 봐요?
Nǐ kàn shén me?

我**看报**。　나는 신문을 봐요.
Wǒ kàn bào.

你**吃**什么?　당신은 무엇을 먹어요?
Nǐ chī shén me?

我**吃饭**。　나는 밥을 먹어요.
Wǒ chī fàn.

중국 사람들이 즐겨 먹는 아침식사는?

중국 사람들은 아침을 간단하게 먹는 편이며, 웬만해서는 거르지 않는데요, 중국인들이 즐겨 먹는 아침식사로는 어떤 것이 있을까요?

稀饭
xī fàn

우리나라로 치면 "죽"에 해당해요. 짭조름하 
게 절인 음식을 곁들여 아침으로 즐겨 먹죠.
다른 말로 粥[zhōu]가 있는데, 稀饭는 밥
에 물을 부어서 끓인 것을 말하고, 粥는 생
쌀을 처음부터 끓여서 만든 것을 말합니다.
稀饭과 함께 즐겨 먹는 음식 가운데 煮鸡
蛋[zhǔ jī dàn]이 있는데, 우리말로 삶은 계란을 말합니다.

油条
yóu tiáo

밀가루를 반죽해서 길쭉하게 밀어 기름에 튀긴 우리 
나라의 꽈배기와 비슷하죠. 이 油条와 같이 먹는 절
친이 있는데, 바로 중국식 두유 豆浆[dòu jiāng]
을 말합니다.

그 외에도 다양한 음식들이 많은데요, 기회가 된다
면 한번 맛보세요. 중국 문화를 체험할 수 있는 가장
좋은 예가 될 거예요.

08

누구냐 넌?

포인트 **알아보기**

🔊 08-01

她是谁?

Tā shì shéi?

그녀는 누구예요?

스토르를 생각하며 잘 들어 보세요.

점심 식사 후 휴게실에서 잠시 티타임을 갖는 민수와 박대리.
박대리는 민수의 휴대폰 속 사진을 보고 또 폭풍 질문을
해대고 있습니다. 정말이지 꼴불견 상사의 전형적인 모습을
보여주고 있네요. 민수는 이런 상황들을 슬기롭게 대처하고
성공적인 직장남으로 거듭날 수 있을까요?

08-02

다음 대화를 큰 소리로 읽어 보세요.

🎧 08-04

| 박대리 | 她是谁? | 이 여자 누구야? |
| | Tā shì shéi? | |

| 민수 | 她是我妹妹。 | 제 여동생입니다. |
| | Tā shì wǒ mèi mei. | |

是[shì]는 '〜입니다, 〜이다'의 뜻을 나타냅니다. 谁[shéi]는 '누구, 누가'등의 대상을 묻는 의문 대명사로, 의문문을 만들 때는 문장 마지막에 吗[ma]를 붙이지 않습니다.

예 他是谁? 그는 누구예요?
　　Tā shì shéi?

　　他是我哥哥。 그는 제 오빠입니다.
　　Tā shì wǒ gē ge.

🎧 08-03

단어

她 tā 대 그녀 ｜ 是 shì 동 〜이다/〜입니다 ｜ 谁 shéi 의대 누구, 누가 ｜ 妹妹 mèimei 명 여동생

다음 대화를 큰 소리로 읽어 보세요.

🔊 08-06

박대리 他是你哥哥吗?
Tā shì nǐ gē ge ma?

그는 네 형이니?

민수 不是, 他是我爸爸。
Bú shì, tā shì wǒ bà ba.

아니요, 제 아버지입니다.

박대리 是吗? 他很年轻。
Shì ma? Tā hěn nián qīng.

그래? 정말 젊으시다.

是[shì]는 '~입니다, ~이다'란 뜻 외에, 대답 표현으로 'Yes, No'의 의미를 가지고 있습니다. 긍정(Yes)으로 대답하고 싶다면 是[shì], 부정(No)으로 대답하고 싶다면, 不是[bú shì]라고 말하면 됩니다.

예 她是你妈妈吗? 그녀는 당신 어머니예요?
Tā shì nǐ mā ma ma?

是, 她是我妈妈。
Shì, tā shì wǒ mā ma.
네, 제 어머니예요.

不是, 她是我姐姐。
Bú shì, tā shì wǒ jiě jie.
아니요, 제 언니예요.

🔊 08-05

단어

哥哥 gēge 명 형, 오빠 | 爸爸 bàba 명 아빠 | 年轻 niánqīng 형 젊다

문장 **나눠보기**

다음 단어와 문장을 듣고 큰 소리로 따라해 보세요.

1 다음 병음에 주의해서 발음을 연습해 보세요. 08-07

ie

qiē 切(자르다)
jiě jie 姐姐(언니, 누나)

bié 别(~하지 마라)
gǎn xiè 感谢(감사하다)

ing

qǐng 请(청하다, 부탁하다)
míng zi 名字(이름)

tīng 听(듣다)
yǎn jìng 眼镜(안경)

2 다음 문장을 따라 읽으면서 문장 구조를 생각해 보세요. 08-08

01

他是你哥哥吗?　　　　　　그는 당신의 형이에요?

吗?　　　　　　　　　　　~이에요?(입니까?)
ma?

你哥哥吗?　　　　　　　　당신의 형이에요?
nǐ gē ge ma?

是你哥哥吗?　　　　　　　당신의 형이에요?
shì nǐ gē ge ma?

他是你哥哥吗?　　　　　　그는 당신의 형이에요?
Tā shì nǐ gē ge ma?

아래 가족 구성원을 참고하여 대화를 완성해 보세요.

🔊 08-10

A 他(她)是你　　　吗?　　　그(그녀)는 당신의 ~예요?
Tā(Tā) shì nǐ　　　ma?

B 是，他(她)是我　　　。　　　네, 그(그녀)는 제 ~예요.
Shì,　tā(tā) shì wǒ

爷爷　할아버지
yé ye

奶奶　할머니
nǎi nai

妈妈　엄마
mā ma

A 他(她)是你　　　吗?　　　그(그녀)는 당신의 ~예요?
Tā(Tā) shì nǐ　　　ma?

B 不是，他(她)是我　　　。　　　아니요, 그(그녀)는 제 ~예요.
Bú shì,　tā(tā) shì wǒ

哥哥　형, 오빠　　弟弟　남동생
gē ge　　　　　dì di

姐姐　누나, 언니　　妹妹　여동생
jiě jie　　　　　　mèi mei

🔊 08-09

爷爷 yéye 명 할아버지　｜　奶奶 nǎinai 명 할머니　｜　妈妈 māma 명 엄마　｜　弟弟 dìdi 명 남동생
姐姐 jiějie 명 누나, 언니

내 것으로 **만들기**

다음 대화에 가장 잘 어울리는 것을 골라 문장을 완성하세요.

01

A 他是谁?
Tā shì shéi?
그는 누구예요?

B 他是　　　　　　　　　　。
Tā shì
그는 제 아버지예요.

❶ 我爸爸
wǒ bà ba

❷ 我爷爷
wǒ yé ye

02

A 他是你弟弟吗?
Tā shì nǐ dì di ma?
그는 당신의 남동생이에요?

B 　　　　，　　　　　　　　。

아니요,　　　그는 제 형이에요.

❶ 是，他是我弟弟
Shì, tā shì wǒ dì di

❷ 不是，他是我哥哥
Bú Shì, tā shì wǒ gē ge

🔊 핵심표현 이것만은 꼭!

她**是谁**?　　　그녀는 누구예요?
Tā shì shéi?

她是我妹妹。　　그녀는 제 여동생이에요.
Tā shì wǒ mèi mei.

병음으로 퍼즐을!

퍼즐을 풀면서 배운 단어를 복습해 봅시다!

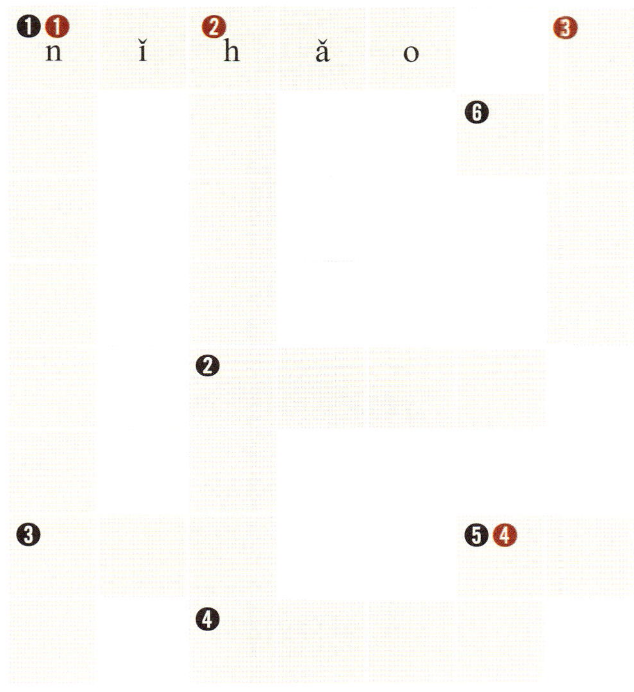

- 다음 가로·세로 열쇠를 풀어 병음으로 퍼즐을 완성해 보세요.

<table>
<tr><td>

가로 열쇠

❶ 안녕하세요(인사말)
❷ 할아버지
❸ 당신(존칭)
❹ 형, 오빠
❺ 너
❻ 그

</td><td>

세로 열쇠

❶ 젊다
❷ 환영하다
❸ 엄마
❹ ~은요

</td></tr>
</table>

참고단어

gē ge 哥哥	huān yíng 欢迎	ne 呢	nǐ 你
nián qīng 年轻	nǐ hǎo 你好	tā 他	nín 您
mā ma 妈妈	yé ye 爷爷		

이건 뭐야? 저건 뭐야?

09-01

这是什么?

Zhè shì shén me?

이것은 뭐예요?

스토리를 생각하며 잘 들어 보세요.

퇴근 후 민수와 리리는 함께 집 근처 쇼핑몰을 들렀습니다.
식품코너에 여러 가지 음식들을 구경하느라 정신 없는 리리.
이것저것 구경하면서 묻고 싶은 것이 정말 많네요.
리리는 무엇이 궁금했을까요?

09-02

다음 대화를 큰 소리로 읽어 보세요.

09-04

리리　这是什么?　　　　　　　　　　　　　　이건 뭐야?
　　　　Zhè shì shén me?

민수　这是泡菜。　　　　　　　　　　　　　이건 김치야.
　　　　Zhè shì pào cài.

这[zhè]는 사물이나 사람을 가리키는 지시대명사입니다. 일반적으로 가까운 거리에 있는 물건이나 사람을 가리킬 때 사용합니다.

예　这是什么?　　　이것은 무엇이에요?
　　　Zhè shì shén me?

　　　这是面包。　　　이것은 빵이에요.
　　　Zhè shì miàn bāo.

09-03

단어

这 zhè 〔대〕 이(것), 이(사람)　|　泡菜 pàocài 〔명〕 김치

다음 대화를 큰 소리로 읽어 보세요.

09-06

| 리리 | 那是什么酒？ | 저건 무슨 술이야? |
| | Nà shì shén me jiǔ? | |

| 민수 | 那是韩国烧酒， | 저건 한국 소주야, |
| | Nà shì Hán guó shāojiǔ, | |

| 민수 | 我非常喜欢烧酒。 | 난 소주를 정말 좋아해. |
| | Wǒ fēi cháng xǐ huan shāo jiǔ. | |

那[nà]도 사물이나 사람을 가리키는 지시대명사입니다. 일반적으로 비교적 먼 거리에 있는 물건이나 사람을 가리킵니다.

예 那是什么？　저것은 무엇이에요?
Nà shì shén me?

那是咖啡。　저것은 커피예요.
Nà shì kā fēi.

09-05

단어

那 nà 대 그, 저　　酒 jiǔ 명 술　　烧酒 shāojiǔ 명 소주　　非常 fēicháng 부 매우, 엄청
喜欢 xǐhuan 동 좋아하다

다음 단어와 문장을 듣고 큰 소리로 따라해 보세요.

1 다음 병음에 주의해서 발음을 연습해 보세요. `09-07`

e	**è** 饿(배고프다)	**hé** 和(~와/과)
	gē ge 哥哥(형, 오빠)	**kě lè** 可乐(콜라)

ang	**chàng** 唱(부르다)	**máng** 忙(바쁘다)
	shāng diàn 商店(상점)	**zhǎng jià** 涨价(값이 오르다)

2 다음 문장을 따라 읽으면서 문장 구조를 생각해 보세요. `09-08`

01 这是什么? 이것은 무엇입니까?

什么? 무엇?
shén me?

是什么? 무엇입니까?
shì shén me?

这是什么? 이것은 무엇입니까?
Zhè shì shén me?

02 那是什么咖啡? 저것은 무슨 커피예요?

咖啡 커피
kā fēi

什么咖啡? 무슨 커피?
shén me kā fēi?

是什么咖啡? 무슨 커피예요?
shì shén me kā fēi?

那是什么咖啡? 저것은 무슨 커피예요?
Nà shì shén me kā fēi?

다음 대화를 큰 소리로 읽어 보세요.

01

A

这是你爷爷吗?
Zhè shì nǐ yé ye ma?

이 분이 당신 할아버지예요?

B

是，这是我爷爷。
Shì, zhè shì wǒ yé ye.

네, 이 분은 제 할아버지예요.

02

A

那是什么咖啡?
Nà shì shén me kā fēi?

저것은 무슨 커피예요?

B

那是美式咖啡。
Nà shì měi shì kā fēi.

저것은 아메리카노예요.

美式咖啡 měishì kāfēi 명 아메리카노

다음 대화에 가장 잘 어울리는 것을 골라 문장을 완성하세요.

09-11

01

A 这是什么?
Zhè shì shén me?
이건 뭐예요?

B 这是 〇。
Zhè shì
이건 차예요.

❶ 

❷ 

02

A 那是什么?
Nà shì shén me?
저건 뭐예요?

B 那是 〇。
Nà shì
저건 김치예요.

❶ 

❷ 

09-12

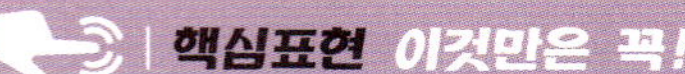

핵심표현 *이것만은 꼭!*

这是什么?　　　　이건 뭐예요?
Zhè shì shén me?

这是泡菜。　　　　이건 김치예요.
Zhè shì pào cài.

술고래를 중국어로 어떻게 표현할까요?

중국의 대표 술을 白酒[bái jiǔ]라고 하는데요, 대부분 도수가 높은 술들이 많아요. 그래서인지 중국인들은 술을 잘 마시는 사람들을 종종 볼 수가 있답니다. 우리나라는 술을 한자리에서 잘 마시지는 않죠. 하지만 중국은 한자리에서 오랫동안 마시는 것을 좋아한답니다. 술과 관련한 재미있는 표현을 한번 알아 볼까요?

우리말의 '술고래'를 중국어로 어떻게 말할까요?

중국에서는 술을 아주 많이 마시는 사람, 술고래를 보고 酒鬼[jiǔ guǐ]라고 한답니다. 말 그대로 '술 귀신'을 말하죠.

他是个酒鬼!   그는 술고래야!
Tā shì ge jiǔ guǐ!

또한, 술을 아주 잘 마시는 사람, 술이 쎈 사람은 중국어로 海量[hǎi liàng]이라고 한답니다. '바다 물을 다 마실 만큼 술을 잘 마신다'는 재미있는 표현이죠.

他真是海量!   그는 정말 술이 쎄!
Tā zhēn shì hǎi liàng!

중국인들이 상대방에게 술을 대접한다는 의미는 아주 친한 관계임을 드러낸다는 것도 함께 알아두세요.

10

이름이 뭐예요?

10-01

他叫什么(名字)?

Tā jiào shén me(míng zi)?

그는 이름이 뭐예요?

대형 쇼핑몰 앞에 걸려 있는 배우 원빈의 사진을 보고 리리가
갑자기 발걸음을 멈춥니다. 우는 아기도 웃음짓게 한다는
원빈의 위엄. 그 앞에서 리리도 헤어나올 길이 없네요.
민수는 이런 리리의 모습에서 은근 질투심을 느낍니다.

다음 대화를 큰 소리로 읽어 보세요.

🔊 10-04

리리 他叫什么名字？　　　　　　　　　저 사람 이름이 뭐야?
Tā jiào shén me míng zi?

민수 他叫元斌，是韩国明星。　　　　원빈이야, 한국의 유명 스타야.
Tā jiào Yuán Bīn, shì Hán guó míng xīng.

叫[jiào]는 '~라고 부르다'라는 의미입니다. 대개 상대방의 이름을 물을 때 묻는 표현인데, 뒤에 名字[míng zi]는 생략할 수 있습니다.

예 你叫什么(名字)？　　　이름이 뭐예요?
Nǐ jiào shén me (míng zi)?

我叫张玉安。　　저는 장위안이라고 해요.
Wǒ jiào Zhāng Yù'ān.

🔊 10-03

단어

叫 jiào 통 ~라고 부르다 ｜ 名字 míngzi 명 이름 ｜ 明星 míngxīng 명 스타, 유명 연예인

다음 대화를 큰 소리로 읽어 보세요.

리리 哇! 真帅!
Wa! Zhēn shuài!

와! 정말 잘생겼다!

민수 帅什么帅!
Shuài shén me shuài!

잘생기긴 뭐가 잘생겼냐!

真[zhēn]는 '정말, 정말로'를 뜻하는데, 很(매우) 보다는 강한 어투를 나타냅니다.

예 她真漂亮! 그녀는 정말 예뻐요!
Tā zhēn piào liang!

여기에서 什么[shén me]는 '무엇'이라는 의문대명사로 쓰인 것이 아니라, 'A 什么 A(啊)'의 구조로 'A긴 뭐가 A야(A가 아니다)'라는 부정의 의미를 나타내는 관용적인 표현입니다.

예 忙什么忙! 바쁘긴 뭐가 바빠!
Máng shén me máng!

단어

真 zhēn 부 진짜로, 정말로 ｜ 帅 shuài 형 잘생기다

다음 단어와 문장을 듣고 큰 소리로 따라해 보세요.

1 다음 병음에 주의해서 발음을 연습해 보세요. `10-07`

in		
nín 您(당신)		**jīn** 斤(근)
xiāng xìn 相信(믿다)		**shāng pǐn** 商品(상품)

uai		
shuài 帅(잘생기다)		**kuài** 快(빠르다)
zuǒ guǎi 左拐(좌회전)		**huái yí** 怀疑(의심하다)

2 다음 문장을 따라 읽으면서 문장 구조를 생각해 보세요. `10-08`

01

你叫什么? 이름이 뭐예요?

什么? 무엇?
shén me?

叫什么? 뭐예요?(뭐라고 불러요?)
jiào shén me?

你叫什么? 당신은 뭐라고 불러요?(이름이 뭐예요?)
Nǐ jiào shén me?

02

妹妹叫什么名字? 여동생 이름이 뭐예요?

名字 이름
míng zi

什么名字? 무슨(어떤) 이름?
shén me míng zi?

叫什么名字? 이름이 뭐예요?
jiào shén me míng zi?

妹妹叫什么名字? 여동생 이름이 뭐예요?
Mèi mei jiào shén me míng zi?

다음 대화를 큰 소리로 읽어 보세요.

A 你叫什么?
Nǐ jiào shén me?

이름이 뭐예요?

B 我叫 　　　　　　。
Wǒ jiào

저는 ~라고 해요.

民秀
Mín xiù

民熙
Mín xī

丽丽
Lì li

A 妹妹叫什么名字?
Mèi mei jiào shén me míng zi?

여동생 이름이 뭐예요?

B 妹妹叫 　　　　　　。
Mèi mei jiào

여동생 이름은 ~예요.

范冰冰
Fàn Bīngbīng

金妍儿
Jīn Yán'ér

汤唯
Tāng Wéi

내 것으로 **만들기**

다음 대화에 가장 잘 어울리는 것을 골라 문장을 완성하세요.

01

A　　　　　　　　？

그는 이름이 뭐예요?

B 他叫元斌，是韩国明星。
Tā jiào Yuán Bīn, shì Hán guó míng xīng.
그는 원빈이라고 해요, 한국의 유명 스타예요.

❶ 他叫什么名字
Tā jiào shén me míng zi

❷ 他是谁
Tā shì shéi

02

A 哇！真帅！
Wa! Zhēn shuài!
와! 정말 잘생겼네요!

B　　　　　　　　！

잘생기긴 뭐가 잘생겼어요!

❶ 什么帅
Shén me shuài

❷ 帅什么帅
Shuài shén me shuài

핵심표현 이것만은 꼭!

你叫什么(名字)？　　　당신은 이름이 뭐예요？
Nǐ jiào shén me(míng zi)?

我叫　　　　　　　。　저는 ～라고 해요.
Wǒ jiào

잰말 놀이를 통해 발음 UP!

아래의 잰말을 정확하고 빠르게 읽어 보세요.

四和十

sì hé shí

---

sì shì sì, shí shì shí,
sì bú shì shí, shí bú shì sì,
shí sì shì shí sì, sì shí shì sì shí,
shí sì bú shì sì shí, sì shí bú shì shí sì.

四是四，十是十，
四不是十，十不是四，
十四是十四，四十是四十，
十四不是四十，四十不是十四。

4와 10

4는 4, 10은 10이지,
4는 10이 아니고, 10은 4가 아니다,
14는 14, 40은 40이지,
14는 40이 아니고, 40은 14가 아니다.

Chapter 1

발음 01 중국어는 음악처럼!

▌ 연습하기

01 á　　02 e　　03 pà

01 ❷　　02 ❶　　03 ❹

발음 02 중국어도 혀를 굴려야 한다?

▌ 연습하기

01 sù shè　dì di　xiè xie　bà ba
02 ❶ zhū　❷ qù　❸ lái　❹ tā

01 ❹　❶　❸　❷
02 ❶ zh　❷ q　❸ l　❹ t

발음 03 영어 발음은 머릿속에서 지우자!

▌ 연습하기

01 en　ei　ong　uo
02 ❶ gǒu　❷ cài　❸ dǒng　❹ pàng　❺ fēng　❻ mén

01 ❷　❹　❶　❸
02 ❶ ǒu　❷ ài　❸ ǒng　❹ àng　❺ ēng　❻ én

발음 04 중국어에는 같은 발음에 다른 표기가 있다!

■ 연습하기

01 üan　eng　uang　iang
02 ❶ kùn　❷ qián　❸ chuáng　❹ xiǎng

01 ❶　❸　❹　❷
02 ❶ ùn　❷ ián　❸ uáng　❹ iǎng

발음 05 성조는 변화한다!

■ 연습하기

01 hǎo chī　jiǎn féi　kě lè
02 bú yào　kě yǐ　wǎng qiú　kě lè

01 ❶ hǎo chī　✓　hāo chī
　　❷ jiǎn fèi　　　jiǎn féi　✓
　　❸ kě lè　✓　kě lě

02 ❶ bú yào　　❷ kě yǐ
　　❸ wǎng qiú　❹ kě lè

UNIT 04 나는 먹는다.

▌ 내 것으로 만들기

01 吃　　　不吃
   chī　　　bù chī

02 看　　　不看
   kàn　　　bú kàn

UNIT 05 차 한 잔 할래?

▌ 내 것으로 만들기

01 ❷ 我不喝
   Wǒ bù hē

02 ❷ 我喝可乐
   Wǒ hē kě lè

UNIT 06 너도 아름다워!

▌ 내 것으로 만들기

01 ❶ 你呢
   nǐ ne

02 ❷ 我也不饿
   Wǒ yě bú è

내 것으로 만들기

01 ❷ 汉堡包
hàn bǎo bāo

02 ❶ 休息
xiū xi

문장 활용하기

01 A 他是你爷爷吗?　　　그는 당신의 할아버지예요?
　　　Tā shì nǐ yé ye ma?

　　 B 是，他是我爷爷。　　네, 그는 제 할아버지예요.
　　　Shì, tā shì wǒ yé ye.

02 A 她是你奶奶吗?　　　그녀는 당신의 할머니예요?
　　　Tā shì nǐ nǎi nai ma?

　　 B 是，她是我奶奶。　　네, 그녀는 제 할머니예요.
　　　Shì, tā shì wǒ nǎi nai.

03 A 她是你妈妈吗?　　　그녀는 당신의 엄마예요?
　　　Tā shì nǐ mā ma ma?

　　 B 是，她是我妈妈。　　네, 그녀는 제 엄마예요.
　　　Shì, tā shì wǒ mā ma.

04 A 他是你哥哥吗?　　　그는 당신의 형이에요?
　　　Tā shì nǐ gē ge ma?

　　 B 不是，他是我弟弟。　아니요, 그는 제 남동생이에요.
　　　Bú shì, tā shì wǒ dì di.

05 A 她是你姐姐吗?　　　그녀는 당신의 언니예요?
　　　Tā shì nǐ jiě jie ma?

　　 B 不是，她是我妹妹。　아니요, 그녀는 제 여동생이에요.
　　　Bú shì, tā shì wǒ mèi mei.

▋ **내 것으로 만들기**

1 ❶ 我爸爸
wǒ bà ba

2 ❷ 不是, 他是我哥哥
Bú shì, tā shì wǒ gē ge

▋ **중국 문화 산책하기**

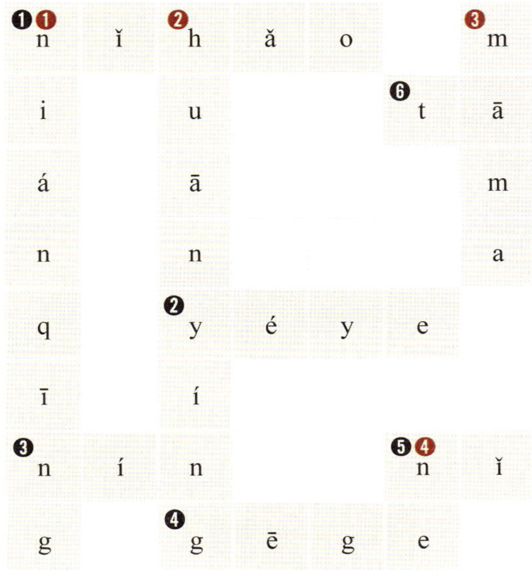

UNIT 09 이건 뭐야? 저건 뭐야?

▋ **내 것으로 만들기**

1 ❷ 茶
chá

2 ❶ 泡菜
pào cài

▌ 문장 활용하기

01 我叫民秀。
Wǒ jiào Mín xiù。
저는 민수라고 해요.

02 我叫民熙。
Wǒ jiào Mín xī.
저는 민희라고 해요.

03 我叫丽丽。
Wǒ jiào Lì li.
저는 리리라고 해요.

04 妹妹叫范冰冰。
Mèi mei jiào Fàn Bīng bīng.
여동생 이름은 판빙빙이에요.

05 妹妹叫金妍儿。
Mèi mei jiào Jīn Yán'ér.
여동생 이름은 김연아예요.

06 妹妹叫汤唯。
Mèi mei jiào Tāng Wéi.
여동생 이름은 탕웨이예요.

▌ 내 것으로 만들기

01 ❶ 他叫什么名字
Tā jiào shén me míng zi

02 ❷ 帅什么帅
Shuài shén me shuài

이까짓
중국어
간체자
쓰기
노트
입문
STEP 1
PAGODA Books

입문
STEP 1

간체자 쓰기 노트

PAGODA Books

你
nǐ (7획)

너 니 你

你好! Nǐ hǎo! 안녕하세요!

丿 亻 亻 忄 竹 伲 你

好
hǎo (6획)

좋을 호 好

你们好! Nǐ men hǎo! 여러분 안녕하세요!

乚 女 女 女 奵 好

们
men (5획)

들 문 們

他们 tā men 그들

丿 亻 亻 忇 们

欢
huān (6획)

기뻐할 환 歡

欢迎你! huān yíng nǐ! 당신을 환영해요!

フ ㄡ ㄡ 劝 欢 欢

迎

yíng (7획)

맞을 영 迎

欢迎欢迎! Huān yíng huān yíng! 환영해요!

丶 ㄈ ㄇ 卬 卬 迎 迎

您好! Nín hǎo! 안녕하세요!

您
nín (11획)

너 이 您

好久不见! Hǎo jiǔ bú jiàn! 오랜만이에요!

久
jiǔ (3획)

오랠 구 久

不见 bú jiàn 만나지 않는다

不
bù (4획)

아닐 불 不

再见! Zài jiàn! 안녕히 가세요!

再
zài (6획)

두 번 재 再

再见! *zài jiàn!* 안녕히 가세요!

见
jiàn (4획)

볼 견 見

慢走! *Màn zǒu!* 살펴가세요!

慢
màn (14획)

게으를 만 慢

您慢走! *Nín màn zǒu!* 당신 살펴가세요!

走
zǒu (7획)

달릴 주 走

对
duì (5획)

대답할 대 對

对不起! Duì bu qǐ! 미안해요!

起
qǐ (10획)

일어날 기 起

对不起, 你们! Duì bu qǐ, nǐ men! 여러분 죄송해요!

没
méi (7획)

잠길 몰 没

没事! méi shì! 괜찮아요!

事
shì (8획)

일 사 事

没事没事! Méi shì méi shì! 괜찮아요 괜찮아요!

很

很好。Hěn hǎo. 아주 좋아요.

hěn (9획)

패려궂을 흔

漂

漂亮 piàoliang 예쁘다

piào (14획)

뜰 표

亮

很漂亮。Hěn piàoliang. 아주 예뻐요.

liàng
(liang) (9획)

밝을 량

谢

谢谢! Xiè xie! 감사해요!

xiè (12획)

사례할 사

客

kè (9획)

손 객 客

不客气! **Bú kè qi!** 천만에요!

气

qì(qi) (4획)

기운 기 氣

不客气! **Bú kè qi!** 천만에요!

我吃。 Wǒ chī. 나는 먹어요.

我 wǒ (7획)

나 아 我

他吃。 Tā chī. 그는 먹어요.

吃 chī (6획)

더듬을 흘 吃

他们 Tā men 그들

他 tā (5획)

다를 타 他

她说。 Tā shuō. 그녀는 말해요.

说 shuō (9획)

말씀 설 說

看

kàn (9획)

볼 간 看

我看。Wǒ kàn. 나는 봐요.

一 二 三 チ チ 看 看 看 看

我喝。 Wǒ hē. 나는 마셔요.

喝
hē (12획)

꾸짖을 갈 喝

喝茶 hē chá 차를 마시다

茶
chá (9획)

차 다 茶

可乐 kě lè 콜라

可
kě (5획)

옳을 가 可

我喝可乐。 Wǒ hē kě lè. 나는 콜라를 마셔요.

# 乐
lè(yuè) (5획)

풍류 락 樂

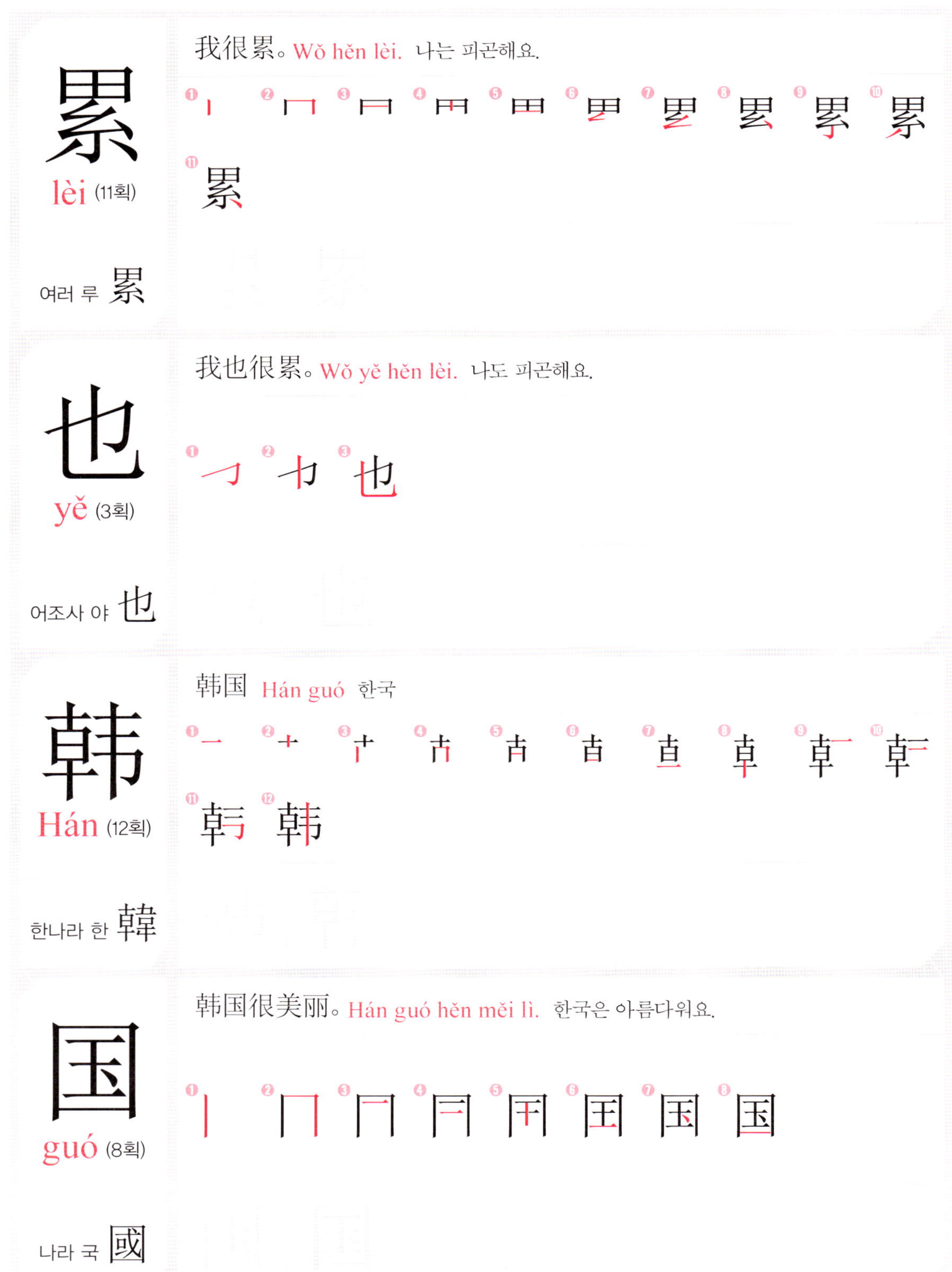

我很累。 Wǒ hěn lèi. 나는 피곤해요.

lèi (11획)

여러 루 累

我也很累。 Wǒ yě hěn lèi. 나도 피곤해요.

yě (3획)

어조사 야 也

韩国 Hán guó 한국

Hán (12획)

한나라 한 韓

韩国很美丽。 Hán guó hěn měi lì. 한국은 아름다워요.

guó (8획)

나라 국 國

美 **měi** (9획)

아름다울 미
美

丽 **lì** (7획)

고울 려 麗

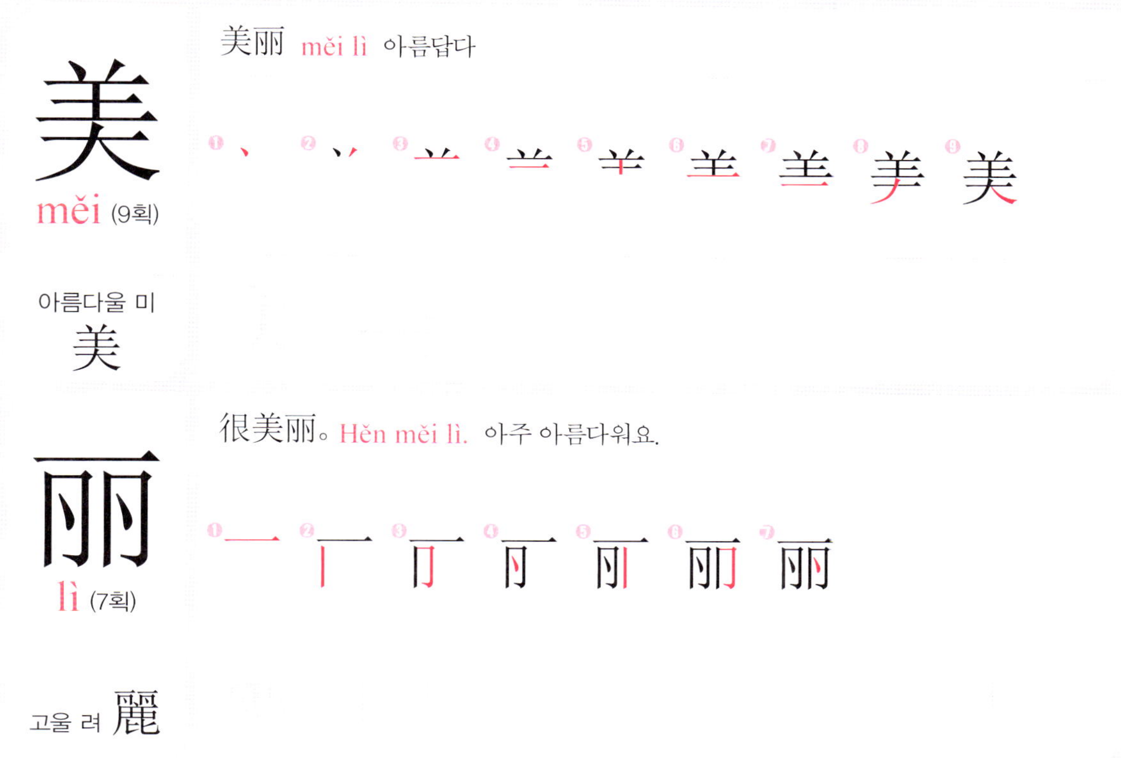

美丽 měi lì 아름답다

很美丽。Hěn měi lì. 아주 아름다워요.

什么 shén me 무엇

什 shén (4획)

열사람 십 什

报 bào 신문

报 bào (7획)

갚을 보 報

汉语 Hàn yǔ 중국어

汉 hàn (5획)

한수 한 漢

汉堡包 hàn bǎo bāo 햄버거

堡 bǎo (12획)

작은 성 보
堡

我吃汉堡包。Wǒ chī hàn bǎo bāo. 나는 햄버거를 먹어요.

包 bāo (5획)

쌀 포 包

你要什么? Nǐ yào shén me? 당신은 뭘 원해요?

要 yào (9획)

중요할 요 要

休息 xiū xi 휴식, 쉬다

休 xiū (6획)

쉴 휴 休

我要休息。Wǒ yào xiū xi. 나는 휴식이 필요해요.

息 xī(xi) (10획)

숨쉴 식 息

她
tā (6획)

그녀 타 她

她们 tā men 그녀들

是
shì (9획)

바를 시 是

她是我妹妹。Tā shì wǒ mèi mei. 그녀는 제 여동생이에요.

谁
shéi (10획)

누구 수 誰

她是谁? Tā shì shéi? 그녀는 누구예요?

妹
mèi (8획)

손아랫누이 매
妹

妹妹 mèi mei 여동생

哥

gē (10획)

哥哥　gē ge　형, 오빠

一　一　哥　哥　哥　哥　哥　哥　哥　哥

형 가 哥

爸

bà (8획)

爸爸　bà ba　아빠

아비 파 爸

年

nián (6획)

年轻　nián qīng　젊다

年　年　年　年　年　年

해 년 年

轻

qīng (9획)

他很年轻。Tā hěn nián qīng. 그는 젊어요.

가벼울 경 輕

这是什么? Zhè shì shén me? 이것은 무엇이에요?

zhè (7획)

이 저 这

泡菜　pào cài　김치

pào (8획)

거품 포 泡

这是泡菜。Zhè shì pào cài. 이것은 김치예요.

cài (11획)

나물 채 菜

那是什么? Nà shì shén me? 저것은 무엇이에요?

nà (6획)

어찌 나 那

酒
jiǔ (10획)

술 주 酒

烧酒　shāo jiǔ　소주

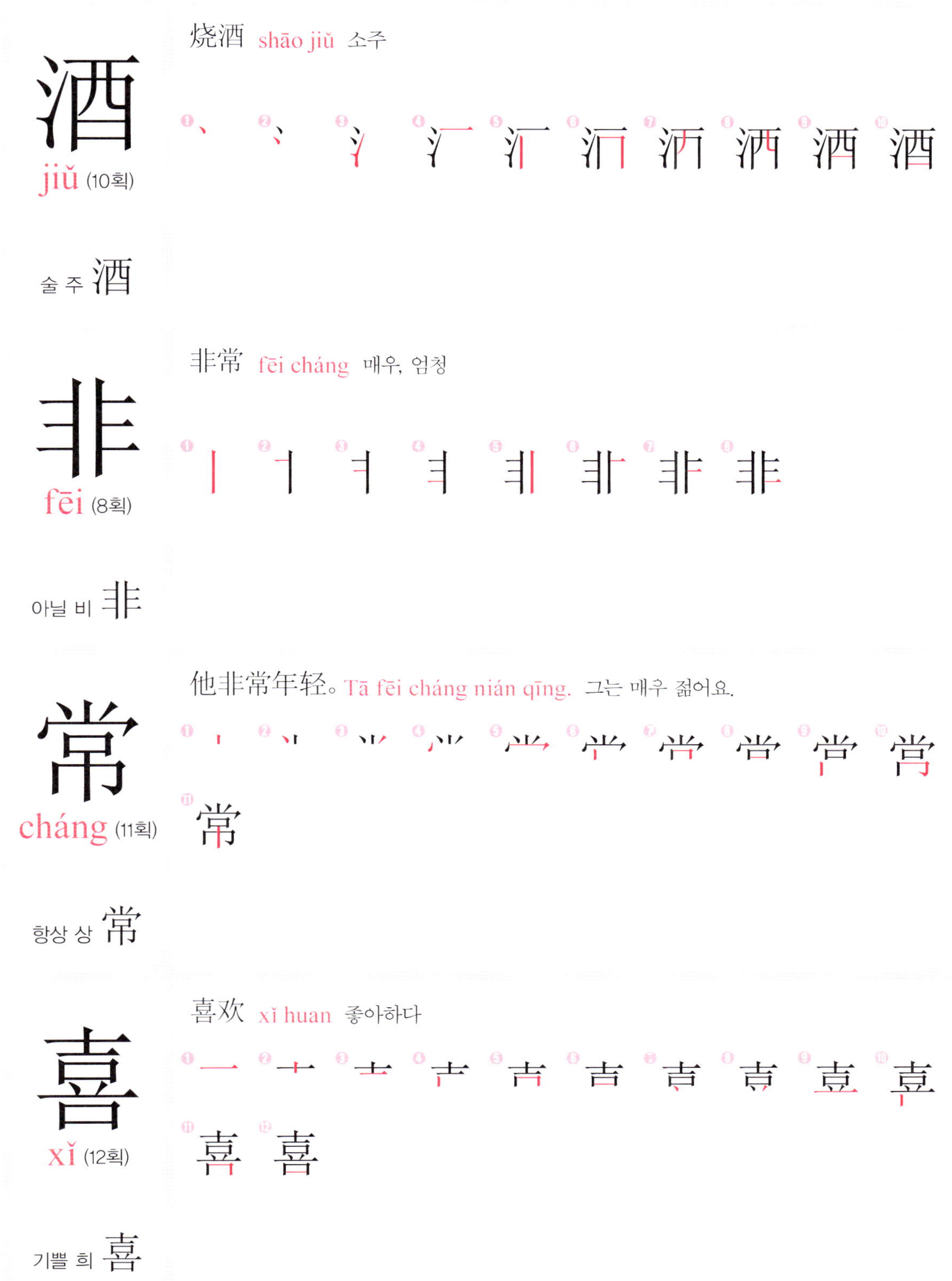

非
fēi (8획)

아닐 비 非

非常　fēi cháng　매우, 엄청

常
cháng (11획)

항상 상 常

他非常年轻。Tā fēi cháng nián qīng.　그는 매우 젊어요.

喜
xǐ (12획)

기쁠 희 喜

喜欢　xǐ huan　좋아하다

你叫什么? Nǐ jiào shén me? 이름이 뭐예요?

jiào (5획)

부르짖을 규 叫

名字 míng zi 이름

míng (6획)

이름 명 名

你叫什么名字? Nǐ jiào shén me míng zi? 당신은 이름이 뭐예요?

zì(zi) (6획)

글자 자 字

明星 míng xīng 스타, 유명 연예인

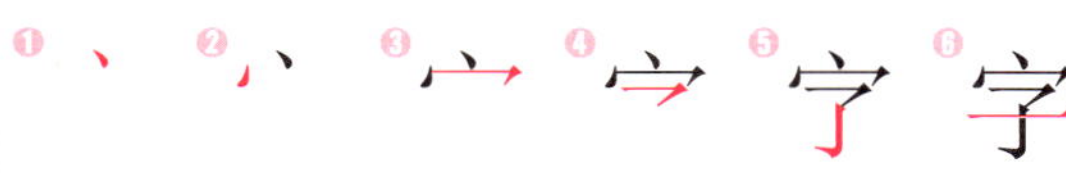

míng (8획)

밝을 명 明

星

xīng (9획)

他是韩国明星。*Tā shì Hán guó míng xīng.* 그는 한국의 유명스타야.

별 성 星

真

zhēn (10획)

真帅! *Zhēn shuài!* 정말 잘생겼어요!

참 진 眞

帅

shuài (5획)

帅什么帅! *Shuài shén me shuài!* 잘생기긴 뭐가 잘생겼어요!

장수 수 帥

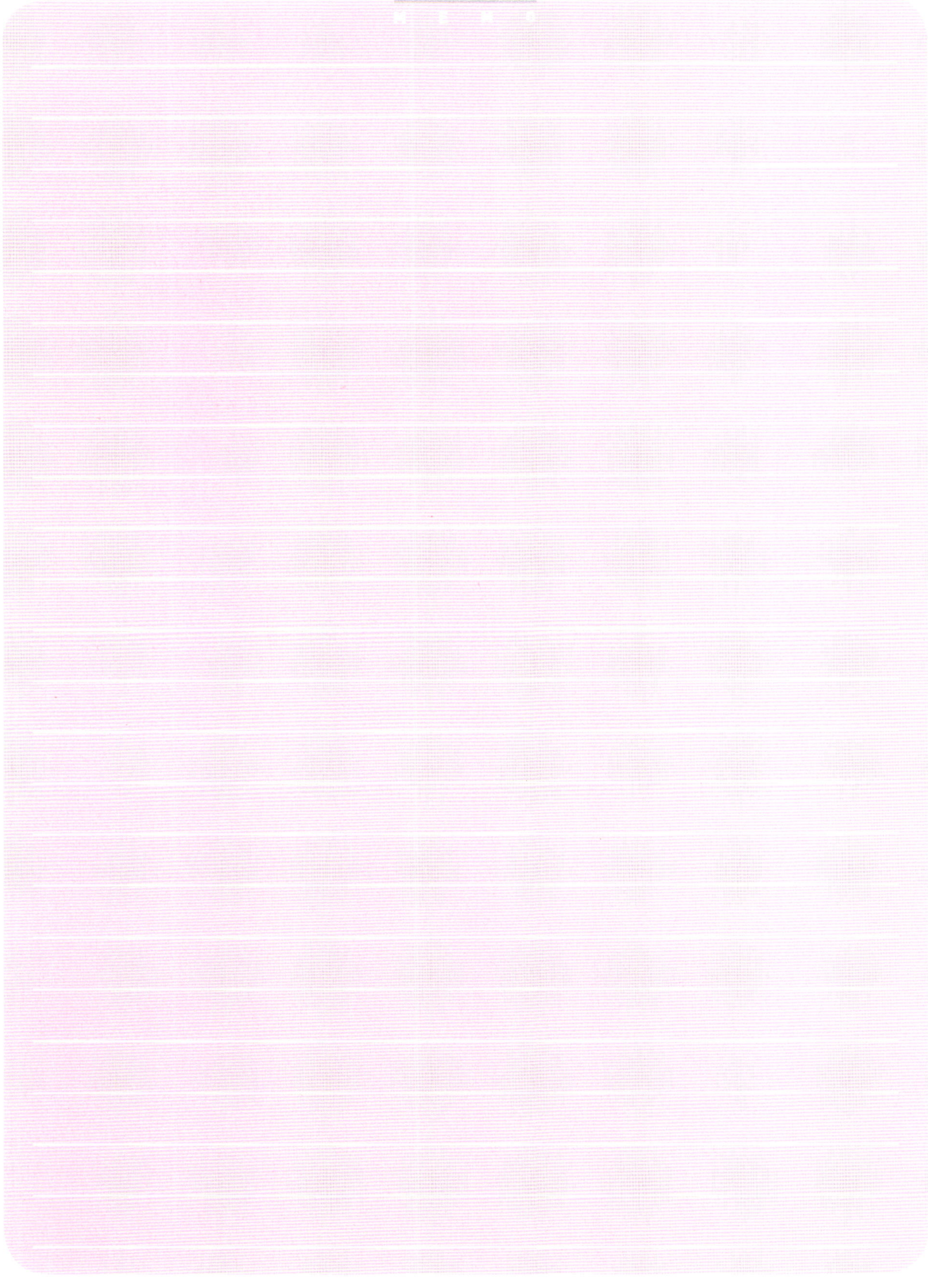

입문

STEP 1

간체자
쓰기 노트